中国高铁产业关键设备及零部件全球价值链地位研究

——基于国际竞争力视角

刘　蕊◎著

经济管理出版社

ECONOMY & MANAGEMENT PUBLISHING HOUSE

图书在版编目（CIP）数据

中国高铁产业关键设备及零部件全球价值链地位研究：基于国际竞争力视角/刘蕊
著 . —北京：经济管理出版社，2020. 12
ISBN 978 – 7 – 5096 – 7620 – 2

Ⅰ.①中…　Ⅱ.①刘…　Ⅲ.①高速铁路—铁路工业—研究—中国　Ⅳ.①F426. 472

中国版本图书馆 CIP 数据核字（2020）第 256163 号

组稿编辑：陈　力
责任编辑：高　娅
责任印制：黄章平
责任校对：董杉珊

出版发行：经济管理出版社
　　　　　（北京市海淀区北蜂窝 8 号中雅大厦 A 座 11 层　100038）
网　　　址：www. E – mp. com. cn
电　　　话：（010）51915602
印　　　刷：北京玺诚印务有限公司
经　　　销：新华书店
开　　　本：720mm × 1000mm/16
印　　　张：12
字　　　数：164 千字
版　　　次：2020 年 12 月第 1 版　　2020 年 12 月第 1 次印刷
书　　　号：ISBN 978 – 7 – 5096 – 7620 – 2
定　　　价：68. 00 元

序

　　中国高铁产业是中国先进制造业的典型代表，其在全球市场的角色已渐渐由追随者、挑战者向领跑者转变，已从"中国制造"升级为"中国创造"。作为在全球具有国际竞争力的产业，中国高铁产业已然走向世界。据资料显示，中国中车股份有限公司的高铁产品遍布六大洲 101 个国家，生产的列车目前已经在全球近 83% 拥有铁路的国家奔跑。特别是近年来，随着中国高铁产业在"一带一路"沿线国家建设的迅猛发展，使中国高铁成为"走出去"的一张亮丽名片。当然，我们也必须看到，中国高铁产业尽管已在全球高铁国际市场竞争中占有一席之地，但由于起步较晚，至今只有 20 多年的历史，特别是由于发展模式等方面的制约，发展业态还存在很大的短板，这突出表现为中国高铁产业关键设备及零部件中的大部分还受制于人。《科技日报》曾报道过中国的35 项"卡脖子"关键技术①，这些技术严重制约了我国高端制造业技术创新能力和全球竞争力。这 35 项"卡脖子"关键技术中有 2 项与高铁制造业直接相关，即铣刀和高端轴承钢。习近平总书记在中央财经委员会第二次会议上强

---

　　① 《科技日报》在 2019 年 4 月 19 日至 2019 年 7 月 3 日连续详细报道中国"卡脖子"的 35 项关键技术。其中对铣刀的报道有《为高铁钢轨"整容"，国产铣刀难堪重任》（《科技日报》2019 年 5 月 24 日），对高端轴承钢的报道有《高端轴承钢，难以补齐的中国制造业短板》（《科技日报》2019 年 5 月 25 日）。

调："关键核心技术是国之重器，对推动我国经济高质量发展、保障国家安全都具有十分重要的意义，必须切实提高我国关键核心技术创新能力，把科技发展主动权牢牢掌握在自己手里，为我国发展提供有力科技保障。"① 李克强总理在 2019 年 9 月 2 日主持召开的国家杰出青年科学基金工作座谈会上提到"卡脖子"的问题，并指出"基础研究决定一个国家科技创新的深度和广度，'卡脖子'问题根子在基础研究薄弱"。基础研究站得稳不稳、站得牢不牢，直接关系到我国科技创新发展的未来。中国高铁产业关键设备及零部件与高铁强国相比还存在很大差距，这种差距集中体现在代表高铁产业关键设备及零部件的关键核心技术水平上，是中国高铁产业发展的短板之所在。因此，从国际竞争力的视角出发，认清中国高铁产业关键设备及零部件的全球价值链地位，对分析中国高铁产业的国际竞争力，有着十分重要的战略意义。

在攻读博士学位期间，刘蕊参与了我的教育部哲学社会科学研究重大课题攻关项目"我国先进制造业发展战略研究"，是子课题三的主要撰写人之一；参与了国家发展和改革委员会振兴司"'十四五'时期辽宁省承接产业转移的重点任务和支持政策问题研究"，是第三部分"辽宁省承接产业转移的类型及主要行业分析"主要撰写人；参与编写《东北老工业基地新一轮产业结构优化——以制造业为例》，是第十章"体系再造：东北老工业基地制造业现代产业体系构建"主要编写者。在制造业领域研究的过程中，她逐步探索并发挥理论联系实际的应用经济学科优势，围绕中国高铁产业问题进行了大量深入的研究，产生了新的学术成果，并在 CSSCI 期刊上发表文章。与以往研究不同的是，刘蕊博士没有单纯地从制造业行业层面进行研究，而是探索性地深入到行业小类进行细致研究，试图更准确地衡量中国高铁产业的核心竞争力水平。正是基于此，刘蕊在她的博士学位论文的基础上，修改完成了这部专著《中国

---

① 新华网，新华社北京 2018 年 7 月 13 日电。

高铁产业关键设备及零部件全球价值链地位研究——基于国际竞争力视角》。这是中国高铁产业经济领域一部有新意、有价值的学术著作。作者在系统分析中国高铁产业关键设备及零部件全球价值链地位的基础上，继承并突破现有研究成果，结合中国高铁产业关键技术特性，认为中国高铁产业关键设备及零部件的国际竞争力提升是中国高铁产业国际竞争力提升的本质所在。

作为中国高铁产业经济领域的一部新作，本书具有如下特色：

其一，运用国际竞争力评价的多重指标，对中国高铁产业关键设备及零部件国际竞争力进行整体评价与指标测度。研究结果表明，中国高铁产业关键设备及零部件9类产品与高铁强国相比，中国高铁的轴、轮及零部件，交通管理设备及零部件和电力机车的国际竞争力较强，其他类产品与欧美高铁强国相比国际竞争力较弱。

其二，选择出口技术复杂度（EXPY）测度方法，采用2004～2018年中国高铁产业关键设备及零部件的进出口数据，开拓性地采用六位数细分行业代码，对10个高铁强国9类关键设备及零部件的全球价值链地位进行测度。研究结果表明，无论从国家层面还是从行业层面，尽管高铁产业的全球影响力在不断扩大，但中国高铁产业关键设备及零部件的全球价值链地位是10个高铁强国中最低的。同时还表明，全球价值链地位的高低与国家经济发展水平没有直接关系，而与出口技术复杂度有直接关系。

其三，运用出口技术复杂度（METSI）测度方法，采用2004～2017年中国高产业关键设备及零部件的出口数据，测度了中国高铁关键设备及零部件在"一带一路"沿线国家的全球价值链地位，深入研究中国高铁产业发展在"一带一路"沿线国家特别是在东南亚国家的国际影响力。研究结果表明，对"一带一路"沿线国家来讲，在中国高铁起步阶段，中国高铁产业关键设备及零部件在马来西亚、新加坡、泰国的全球价值链地位较高，国际竞争力较强；在中国高铁发展阶段，中国高铁产业关键设备及零部件在马来西亚、印度尼西亚、泰国、越南的全球价值链地位整体水平逐步提高，特别是在印度尼西亚和越南提高的幅度更大。这也充分显示，中国高铁产业对"一带一路"沿线国家的影响力在逐渐增强。

其四，运用出口技术复杂度（METSI）方法，采用2004～2017年中国高铁产业关键设备及零部件的出口数据，测度了中国高铁产业关键设备及零部件在高铁强国的全球价值链地位，全面揭示了中国高铁关键设备及零部件的国际竞争力逐渐变强的发展演变历程。研究结果表明，在中国高铁产业的两个发展阶段，中国高铁产业关键设备及零部件在不同国家的全球价值链地位有所变化，但总体在逐步增强，国际竞争力也有所提高。

其五，采用静态面板数据和动态面板数据模型，考察了中国在"一带一路"沿线国家和在高铁强国的对外直接投资与中国高铁产业关键设备及零部件全球价值链地位的关联。研究结果表明，中国在"一带一路"沿线国家的对外直接投资不能显著提高中国高铁关键设备及零部件的全球价值链地位；中国在高铁强国的对外直接投资能够显著提高中国高铁关键设备及零部件的全球价值链地位。研究也说明对外直接投资与全球价值链地位存在重要相关关系。

在国内外经济新形势下，如何保持中国高铁产业关键设备及零部件的全球价值链地位？在不同技术水平的国际市场上如何提升其国际竞争力，促进中国高铁产业关键设备及零部件突破"卡脖子"关键技术？刘蕊博士在其著作中给出了一个富有启发的答案。作为刘蕊的博士生导师，我希望她能够继续保持对中国高铁产业乃至先进制造业其他行业研究的执着、热忱和理性，有更多的研究成果问世，有更大的学术发展。

唐晓华

2020 年 10 月 13 日于沈阳

目　录

第1章　绪论

1.1　研究背景及意义

1.1.1　研究背景

进入 21 世纪，中国高铁产业发展取得历史性成就，成为共和国波澜壮阔、气势恢宏历史画卷的重彩浓墨。特别是党的十八大以来，高铁产业建设者以交通强国、铁路先行的使命担当，为全面建成小康社会、实现"两个一百年"奋斗目标做出了新贡献。回顾高铁产业发展历史，自 2003 年，中国原铁道部提出了高铁项目计划，开启了中国高铁发展的新时代。自 2004 年以来，原铁道部引进和吸收国外先进技术，并利用这些技术改进高速铁路和列车建设技术，形成了全国性的跨行业链条，中国在高铁建设方面取得了重大进展，并超过日本成为世界上运营高铁网络最多的国家。自 2008 年第一条高速铁路——京津城际开通，截至 2020 年 7 月，中国高速铁路运营里程达到 36000 千米，高居世界第一。预计到 2030 年，高铁总里程将达到 45000 千米。中国高铁运营里程已超过世界高铁总里程的 3/5，近五年平均增长率达 22.5%。中国高铁"八纵八横"的主骨架建成之后，必将发挥大于"四纵四横"的运输作用。中国高铁的迅速发展，不但提升了中国高铁装备及轨道交通装备的制造能力、运输能力，并提高了国际地位，而且还促进了沿线城市对人才的吸引，促进城市、区域经的发展。高铁作为中国中高端装备制造的重要突破点，已成为中国经济社会发展的重要引擎，彰显了其较强的全球价值链地位与国际市场竞争力。

然而，由于历史等诸多方面的原因，在全世界制造业的全球价值链中，发达国家与发展中国家按照专业化分工，各自占据制造业全球价值链的不同位置。发达国家占据"微笑曲线"两端的高附加值的位置，发展中国家占据着劳动密集型制造环节的位置，这样的劳动分工是由比较优势决定的。发达国家更加具备技术创新能力、人力资源要素禀赋、金融资本等比较优势，从事研发设计、销售等环节，占据全球价值链最具价值增值的位置。发展中国家则以加工制造为主，占据全球价值链价值增值低端位置，迫切希望围绕全球价值链转型升级，实现链条位势的"逆袭"，这也是中国高铁产业发展所必须关注和研究的战略性问题。

纵览全球高铁产业的国际分工格局可知，发达国家的全球价值链布局正朝着关键性的环节领域迈进，逐渐从低附加值部分抽身出来，承接价值链条中利润率更高的研发、营销和关键零部件和设备、特殊材料等。中国是全球高铁市场中的后发国家，是"市场换技术"的典范，在原始创新上缺乏动力，部分关键设备及零部件受制于发达国家，管理运营经验相对不足。像是西门子等传统厂商基于在技术、研发、品牌上的强大优势，在产业链条中占据关键性位置，致使中国高铁产业在国际市场上的利润空间被大幅挤压。特别是近年来，美国政府于 2017 年开始对中国大打贸易战，动用所谓的"301"条款开展调查为主要手段，以知识产权侵权为理由，从钢铁、铝材、信息技术等多领域入手，对来自中国的商品进行高额关税征收，禁止向中国出口核心技术产品及零部件，并游说盟国禁止向中国出口制造业核心技术产品和服务。各界学者都认为美国当前的贸易保护主要是针对中国的关键技术产品，美国以其国内就业岗位的转移和减少为理由对于新自由主义的全球化大加反对，实质是为了维护其在关键技术上的霸权。在这种实行单边主义、保护主义以及霸凌主义的影响下，世界出现了前所未有的大变局。

中国是全球制造业第一大国，拥有完备的工业体系和巨大的市场，中国高铁产业发展规模居世界第一，但由于多重因素的影响与制约，代表中国高铁关键核心技术的关键设备及零部件成为制约中国高铁发展速度和行驶速度的关键环节。因此，中国高铁产业要想解决"卡脖子"瓶颈，就必须以深化供给侧结构性改革为引领，以科技创新驱动为动力，充分发挥中国的制度优势和市场优势，探索中国高铁关键技术的突破性路径和创新性对策，将关键核心技术掌握在自己手中，提升中国高铁产业关键设备及零部件在全球价值链上的地位，提高国际市场竞争力。这是中国高铁产业高质量发展中一个亟待解决的重要问题。

1.1.2　研究意义

1.1.2.1　理论意义

中国高铁产业关键核心技术是国之重器，而代表高铁关键核心技术水平的关键设备及零部件则是其全球价值链地位与国际竞争力的集中体现。因此，以国际竞争力为分析视角，综合运用国际竞争力理论、全球价值链理论、国际投资理论、产业技术创新理论以及出口技术复杂度理论为基础，采用产业经济学的分析方法，对中国高铁产业关键设备及零部件的相关问题进行理论分析，在理论上从多层面、多维度，深入探讨中国高铁产业关键设备及零部件在全球价值链中的地位以及其国际市场竞争力，初步形成了一个较为完整、严谨、适用的理论分析体系，这对于深刻分析和判断中国高铁产业关键设备及零部件的全球价值链地位与国际竞争力具有重要的理论意义。

目前，国内的研究成果大多局限于宏观的高铁产业层面的分析，侧重于高铁产业对区域经济、相关制造业行业、劳动力就业等方面的分析，以及产业层面的国际高铁技术比较的研究，并没有从高铁产业关键设备及零部件这一构成高铁产业国际竞争力和价值链地位的核心环节进行定量研究。本书在理论层面，从中国高铁产业"落后—赶超—领跑"的跨越式发展历史演进路径出发，以产业经济学、全球价值链理论、国际投资理论和国际竞争力理论等为基础，结合相关学科的研究视角，运用大数据进行实证研究，对中国高铁产业关键设备及零部件出口技术复杂度、与高铁强国比较以及在"一带一路"中东南亚国家的影响等方面进行研究，这对于产业经济学科的发展，特别是对于中国高铁产业关键设备及零部件研究提供了一个全新的理论分析框架。

1.1.2.2 现实意义

中国高铁产业是当下全球第一大国，在国际市场上具有相当的竞争力。然而，与高铁强国相比，中国高铁关键设备及零部件的一些关键核心技术亟待突破，如何认识和解决这些"卡脖子"问题，对于将中国高铁产业建设跻身世界高铁强国行列的目标具有决定性的现实意义。随着世界出现的新贸易保护主义、单边主义和霸凌主义的抬头，世界经济格局出现了前所未有的大变局，再加上 2020 年初出现的全球性空前的新冠疫情的影响，使世界高铁市场需求也呈现了新的局面。在这种十分复杂的国际国内环境下，如何适应"双循环"发展局面，保持清醒的战略定位，最大限度地以关键核心技术突破驱动中国高铁产业的智能化、高端化发展，推动中国高铁产业关键设备及零部件高质量发展，则是必须予以认识和解决的重大现实问题。

本书以国际竞争力理论、全球价值链理论、国际投资理论、产业经济学理论为依据，从国际竞争力这一视角探析和判断中国高铁关键设备及零部件全球价值链地位。通过厘清高铁产业关键设备及零部件全球价值链地位中国家层面和行业层面的关系，结合 2004～2018 年的统计数据，对高铁产业关键设备及零部件的全球价值链地位进行测度，能够准确了解世界高铁强国之间的全球价值链地位差异，并且将时间划分成 2004～2011 年和 2012～2018 年两个时间段，从动态角度总结中国高铁关键设备及零部件自主创新发展规律，正确理解和把握提高高铁产业关键设备及零部件的技术水平，这是中国高铁产业全球价值链地位攀升和国际竞争力提高的根本保证。与此同时，结合 2004～2017 年的统计数据，测度中国高铁关键设备及零部件在"一带一路"沿线国家的全球价值链地位和测度中国高铁关键设备及零部件在高铁强国的全球价值链地位，比较两者的差异，探索中国高铁产业关键核心技术自主创新的发展路径，研究中国对外直接投资对提升中国高铁关键设备及零部件全球价值链地位和国际市场竞争力，必将产生积极影响。

1.2　研究内容与技术路线

1.2.1　研究内容

本书由三部分组成，共分为八章。

第一部分，由第 1 章绪论和第 2 章相关理论及文献综述构成。第 1 章绪论，介绍了本书的研究背景及研究意义，主要是阐明从国际竞争力的视角出发，研究和论证中国高铁产业关键设备及零部件全球价值链地位的国际、国内背景及其理论与现实意义。同时，介绍了本书的研究内容、研究思路和技术路线、研究方法以及创新点与不足之处。第 2 章相关理论及文献综述，主要是对高铁产业演进、高铁产业全球价值链地位、高铁产业国际竞争力、中国对外直接投资、制造业关键核心技术以及高铁产业自主创新等相关理论研究和实践探讨进行了梳理与评述，为本书的实证研究提供理论支撑。

第二部分是本书研究的核心章，由第 3 章至第 7 章构成。

第 3 章，中国与高铁强国关键设备及零部件国际竞争力比较研究。本章希望从高铁国际市场层面比较中国与高铁强国的实力水平，对中国高铁国际竞争力进行整体评价，并希望从实证的角度出发，利用中国海关进出口贸易数据结合世界贸易数据库，进行数据深度挖掘，在此基础上采用国际市场占有率指数、显示性比较优势指数、贸易竞争优势指数、Michaely 竞争优势指数四种方法，测度中国与高铁强国九类关键设备及零部件的国际竞争力，比较研究中国高铁关键设备及零部件具体行业和产品的国际竞争力优势，找出与高铁强国之间的国际竞争力差距。

第 4 章，中国高铁产业关键设备及零部件全球价值链地位测度。本章希望从实证的角度分析中国高铁关键设备及零部件的全球价值链地位，实证分析以全球价值链地位测度为基础，探究国家层面和行业层面高铁关键设备及零部件的全球价值链地位。研究发现，出口技术复杂程度影响了高铁关键设备及零部件的全球价值链地位，国家的发达程度不是决定高铁关键设备及零部件全球价值链地位的主要因素，技术水平是界定全球价值链地位的关键因素。

第 5 章，中国高铁产业关键设备及零部件在"一带一路"沿线国家的全球价值链地位研究。第 6 章，中国高铁产业关键设备及零部件在高铁强国的全球价值链地位研究。希望从实证的角度进一步测度中国在"一带一路"沿线国家和在高铁强国的关键设备及零部件的全球价值链地位，对测度结果进行分析，发现中国在高铁强国的全球价值链地位高于在"一带一路"沿线国家的全球价值链地位。并且在中国高铁起步阶段和发展阶段对"一带一路"沿线国家和对高铁强国的全球价值链发展趋势不同。

第 7 章，通过建立静态面板数据模型和动态面板数据模型，进一步探寻对外直接投资对提升中国高铁关键设备及零部件全球价值链地位的影响。研究发现中国对高铁强国的对外直接投资有利于提高中国高铁关键设备及零部件的全球价值链地位，而中国在"一带一路"沿线国家的对外直接投资不能显著提高中国高铁关键设备及零部件的全球价值链地位。

第三部分是全书总结，即第 8 章结论与建议。首先对全书的主要研究结论进行概括，在前文理论研究与实证研究的基础上，从提高中国高铁关键设备及零部件全球价值链地位、提高中国高铁关键设备及零部件的国际竞争力等方面凝练出切实可行的对策和建议。

1.2.2　技术路线

本书的研究框架和技术路线如图 1 - 1 所示。

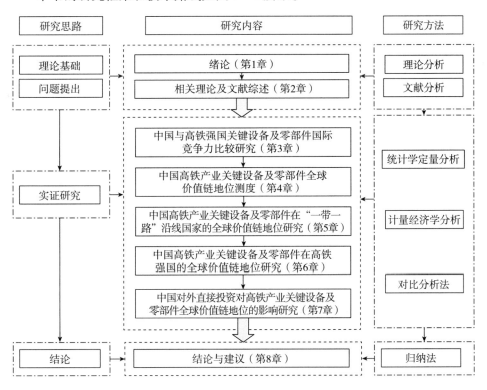

图 1 - 1　本书的研究框架及技术路线

1.3 研究方法

本书以高铁关键设备及零部件全球价值链地位测度为主线研究，运用全球价值链理论、国际竞争力理论、国际投资理论、产业技术创新理论以及出口技术复杂度理论，分析高铁产业关键设备及零部件全球价值链地位。在研究过程中，力求做到定性分析与定量分析相结合、静态研究与动态研究相结合、理论推导与实证检验相结合。具体研究方法如下：

第一，文献研究法。通过对国内外相关理论文献的梳理，研究并评述与高铁产业关键设备及零部件相关的理论研究脉络、学术观点与研究方法，并结合本书的研究主题，拓展研究思路，明确分析方向，创新性地构建以国际竞争力为分析视角的中国高铁产业关键设备及零部件全球价值链地位的实证研究框架。

第二，对比分析法。侧重中国与高铁强国的关键设备及零部件全球价值链地位和国际竞争力水平的比较分析，从不同层面深入剖析和判断中国高铁产业关键设备及零部件的全球价值链地位，论证中国高铁产业发展的短板与瓶颈，进而阐释中国高铁产业关键设备及零部件全球价值链地位提升和国际竞争力增强的学理判断和对策建议。

第三，实证分析方法。运用计量工具，选用测度全球价值链地位的两种方法，对10个高铁强国和7个"一带一路"沿线国家高铁关键设备及零部件的大数据进行实证分析；采用 Stata 14.0 软件对高铁关键设备及零部件全球价值链地位与对外直接投资的关系进行实证检验。

第四，归纳演绎方法。总结与借鉴全球高铁产业发展强国演进历程和经验启示，审视高铁产业全球价值链地位与国际竞争力的发展态势，分析和明确中国高铁产业关键设备及零部件自主创新、合作研发、生态发展的战略思路与对策建议。

1.4 研究创新与不足

1.4.1 创新之处

第一，探索性地提出国际竞争力视角。从微观层面对中国高铁关键设备及零部件在全球价值链中的地位进行了实证分析，揭示了中国高铁产业发展"卡脖子"的主要瓶颈在于高铁产业关键核心技术的关键设备及零部件。

第二，尝试性地构建了全新的理论分析框架。通过中国高铁与高铁强国国际竞争力的比较，分层面对中国高铁关键设备及零部件的全球价值链地位进行了测度，提出了具有一定学术价值和应用价值的理论分析框架。

第三，运用大量翔实的微观大数据开展实证分析。对从联合国统计署官网、中国海关官网、世界宏观经济数据库、世界贸易数据库并结合 EPS 数据平台获得的大数据进行实证分析，得出了较有说服力的结论。

第四，得出了一些较有突破性的分析结论。中国高铁在"一带一路"沿线国家的影响力逐步扩大，但整体上中国高铁关键设备及零部件的国际竞争力较差，在未来需要加强国际合作机会，特别是寻求与欧洲高铁强国的合作。

第五，提出了富有建设性的对策建议。认为中国高铁关键设备及零部件必须以市场为导向，通过技术集成创新，构建智能化研发平台，推进科技与产业深度融合，重塑和延长产业链，实现集群化、品牌化、智能化与跨越式发展。

1.4.2　不足之处

一是获取数据的有限性。"一带一路"沿线共有65个国家，本书从数据获取和研究的实际需要出发，只选取了其中具有典型代表性的7个国家进行研究；同样，高铁强国也只选择了10个（包括中国在内）进行研究。

二是数据时间跨度的限制。由于中国高铁产业发展只有近20年的时间，因此在高铁产业数据应用上，时间跨度还不够长（15年左右），特别是高铁关键设备及零部件具体产品的六位数数据，只能选取近年来时间跨度尽量一致的才具有与高铁强国等国家的可比性。

三是研究方法的局限性。本书研究的是具体微观小类关键设备及零部件，因此，所使用的方法是两种出口技术复杂度的测度方法，主要使用出口数据，研究中国高铁产业关键设备及零部件全球价值链地位在"两类"国家的比较问题。

第2章 相关理论及文献综述

2.1 高铁产业演进发展历程与中国高铁产业发展成就评价

2.1.1 全球高铁发展演进历程

高铁是高速铁路的简称，世界铁路联盟（UIC）认为，高铁新线设计时速在 250 千米以上，既有线路改造后达到时速 200 千米以上要求的线路，可视为高速铁路[1]。日本政府《全国新干线整备法》中规定：列车主要行驶区间以时速 200 千米以上运行的干线铁路，视为高速铁路[2]。中国国家铁路局则定义列车开行时速在 250 千米以上的新建铁路线，以及初期运营速度不小于每小时 200 千米的铁路客运专线，视为高速铁路[3]。

---

[1]　Michel Leboeuf, High Speed Rail Brochure – 2018, UIC Passenger Department, 2018 – 5, 4 – 5.

[2]　日本政府 1970 年第 71 号法令《全国新干线整备法》中规定。

[3]　中国国家铁路局官网，技术标准。

世界高铁发展先后经历了三次大规模的建设浪潮①：

第一次建设浪潮始于 20 世纪 60 年代，止于 80 年代末。一些发达国家，如日本、法国、意大利和德国纷纷铺设了各自的高铁线路。这期间比较有代表性的高铁线路有日本的新干线，法国的东南 TGV 线、大西洋 TGV 线，意大利罗马至佛罗伦萨线，以及德国汉诺威至维尔茨堡高速新线。世界高速铁路总里程达 3198 千米。

第二次浪潮从 20 世纪 80 年代末开始，至 90 年代中期。由于日本等国高速铁路建设巨大成就的示范效应，世界各国对高速铁路投入了极大关注并付诸实践。欧洲的法国、德国、意大利、西班牙、比利时、荷兰、瑞典和英国等国表现最为突出：1991 年，瑞典开通 X2000 "摆式列车"；1992 年，西班牙引进法、德两国技术建成 471 千米长的马德里至塞维利亚高速铁路；1994 年，第一条高速铁路国际连接线，经英吉利海峡隧道把法国与英国连接在一起；1997 年，从巴黎开出的 "欧洲之星" 列车，又将法国、比利时、荷兰和德国相连接。

第三次浪潮自 20 世纪 90 年代中期至今，波及亚、欧、北美以及大洋洲，可谓世界交通运输业的一场革命。俄、韩、澳、英、荷及中国台湾等国家和地区先后开始了高铁建设。为配合欧洲高铁网建设，东欧与中欧的捷克、匈牙利、波兰、奥地利、希腊以及罗马尼亚等国家，也对其干线铁路进行全面提速改造。此外，美、加、印、土等国也开始对高铁给予关注。中国高铁后来居上，不仅技术先进、安全可靠，而且兼容性好、性价比高。

与发达国家相比，中国高速铁路的规划和建设虽然起步较晚，但是发展非常迅速。同时，中国品牌的高速列车 CRH 出现，形成一批快速客运通道，快速铁路进一步大发展。开通运行了 "和谐号" 动车组，2008 年 2 月 26 日，原

---

① 何尚. 世界铁路发展的第三次浪潮［J］. 中国报道，2010（12）：46 - 47.

铁道部和科技部计划共同研发运营时速 380 千米的高速列车。2008 年 8 月 1 日，京津城际高速铁路通车运行，这是中国首条具有完全自主知识产权，且达到世界一流水平的高速铁路。我国高速铁路经过近 20 年的筹备和近 10 年的建设与运营，已经拥有全世界最大规模的高速铁路网，其投资规模与发展速度举世瞩目。

2.1.2　中国高铁产业发展之路

中国高速铁路从 2008 年发展至今，成果十分显著。在此期间，其营运里程从仅占全国铁路营业里程的 0.8% 提高到超过 22.7%，在量上实现飞跃。其中，京沪高铁已于 2014 年开始实现盈利，是世界上极少数的盈利线路之一。中国高铁从无到有，从追赶到超越，再到实现自主创新，从东部走向西部，从"四纵四横"到"八纵八横"，从国内走向海外，中国高铁的大发展开启了人类交通史的新纪元。

据统计，2020 年 7 月末，中国高速铁路里程已达 36000 千米，占世界高铁总里程 2/3 以上，居世界第一。不仅如此，中国还建成了全球第一条智能化自动驾驶的高速铁路——京张铁路，这意味着中国在高铁无人驾驶领域再次领先全球，中国高铁已经跃居世界强国之列。与此同时，中国高铁作为在全球具有国际竞争力的产业已然走向世界。据资料显示，中国中车用高铁连接世界，其产品覆盖全球近 83% 的拥有铁路的国家，涵盖六大洲 100 余个国家。高铁已全面进入国际市场，在全球高铁产业链、供应链等环节占有一席之地，其国际地位不断提高，全球价值链地位不断提升。

中高铁产业的快速发展也引起国内学者的关注，相关研究主要围绕两方面展开：一是政府干预与产业赶超。吕铁和贺俊（2019）对政府干预和高铁赶超的边界条件和行为特征进行研究；吕铁和贺俊（2018）分析技术赶超过程中微观主体的激励结构和技术学习之间的双向互动；黄永春和李倩（2018）

研究产业赶超中政策工具选择；等等。政府干预之所以推动高铁技术成功，是因为政府在机会条件、创新导向和微观主体互动方式方面引致高强度、高效率和大范围的技术学习，形成从整车到核心零部件（系统）形成全产业链技术能力。二是高铁建设的经济社会效益评价。如董艳梅和朱英明（2018）研究高铁建设与经济发展空间布局，李欣泽等（2017）研究高铁发展与企业资源配置，这类研究侧重高铁行业对我国经济发展的宏观、中观和微观主体的带动效应。随着新技术革命和新产业革命的到来，尤其是"一带一路"建设的深入推进，我国高铁产业面临着新格局、新需求和新变化。一方面，"一带一路"建设对高铁产业发展需求将更加旺盛，国际高铁市场竞争也必将愈加激烈；另一方面，随着高铁新技术、新理念、新模式的不断涌现，各国高铁的谱系化、定制化、人性化、智能化需求发展已呈必然趋势，高铁关键核心技术的开发与应用已成为高铁全球高铁市场竞争的焦点。迄今为止，现有研究聚焦于中国高铁成功经验总结，对中国高铁国际竞争力的研究关注还不足。衡量一个国家高铁发展的整体水平，不仅要看高铁的基建能力、装备能力、设计能力、运营能力以及占国际市场的份额，更要看体现在关键核心技术的研发能力以及全球价值链地位和国际市场竞争力。

本书认为，从国际竞争力的视角，深度考察一国高铁产业在全球价值链地位不难发现，高铁产业关键设备及零部件是高铁关键技术的凝结和核心，代表并反映了高铁产业发展的科技水平，是高铁产业价值链的关键节点，更是决定高铁产业价值链地位高低和国际市场竞争力的关键性因素。因此，研究中国高铁产业关键设备及零部件的全球价值链地位和国际市场竞争力，对于实现中国高铁产业高质量发展尤为重要。

2.1.3 中国高铁产业关键技术发展的成就

在关键核心技术研发方面，中国高铁产业有几个代表性的自主研发方向，即动车组及关键技术创新、智能京张体系创新、机车和车辆技术创新、列控系统软件自主化创新。在高铁产业链方面，形成了集冶金、机械、电子、化工等多个领域的完整产业链条，逐步补齐产业链，基本形成稳定的关键设备及零部件供应链关系。在品牌方面，中国高铁博取众家之长，已形成具有自主知识产权的"中国品牌"，即"中国中车"，从技术引进、消化、吸收到自主创新再到结合中国高铁运行实际情况，开展原始创新，中国高铁产业形成了具有"中国创造"特色的高铁装备"走出去"的国际竞争力。在市场方面，不仅有中国高铁关键设备及零部件在世界高铁市场占有一席之地，而且动车组整车制造也已经进入欧洲市场。2015 年 7 月，中国为马其顿共和国定制的时速 160 千米的动车组在中车株洲电力机车有限公司下线，标志着中国高铁产业具有进入欧洲铁路互联互通技术规范的准入许可，具有在欧洲高铁市场参与整车制造国际竞争的资格。在标准方面，截至 2017 年末，中国铁路总公司技术标准体系包含 175 项铁道国家标准、1044 项铁道行业标准、734 项铁路总公司技术标准、833 项标准性技术文件①。中国高铁技术标准已在雅万铁路、中泰铁路中得到应用。在人才方面，以中国中车为代表的中国高铁装备企业，已培养了数批高精尖人才和团队，为中国高铁产业实现 2035 年的规划目标储备核心智力资源。

2.2　高铁产业全球价值链地位研究

目前，国内关于中国高铁产业发展的研究大多是关于发展速度及相关成就方面，而关于关键设备及零部件这一代表高铁全球价值链地位和国际竞争力的

---

① 数据来源：2018 年《中国铁道年鉴》。

研究成果相对较少。

2.2.1 全球价值链理论研究

国外学者在全球价值链方面的研究起步较早，体系也相对完善。全球价值链理论最早是由 Porter（1990）提出的，他在研究企业内价值链时发现，企业价值链位置上不同的生产环节所创造的价值是不同的，有些环节创造的附加值很高，有些环节创造的附加值很低，利益分配也不同。他认为在制造业国际竞争中保持竞争优势的关键是掌握该产业全球价值链上处于核心战略位置的生产环节，控制附加值增值部分。自此之前，Kogut（1985）从价值增加链的视角来分析企业的国际化战略，认为对企业来说，成功的全球战略本质上是国家之间的比较优势和企业之间的比较优势，这两个主要因素相互作用的结果。国家之间的比较优势体现在一个国家在全球区域的资源配置战略定位，企业之间的比较优势决定其在价值链的某个位置上以技术优势倾其所有，确保价值链地位稳固。

Gereffi 和 Korzeniewicz（1994，1995）在研究国际产业组织体系后，在价值链基础上提出了全球商品链概念。主要关注商品生产的物质流通，以商品全球化生产为背景，生产分工后将中间产品在全球范围内重新进行资源配置再加工，这样就形成了制造业分工新格局，但是全球商品链的研究没有涉及价值增值和价值创造的内涵。Gereffi 等（1999，2001）进一步研究，将全球价值链取代全球商品链，并从产品全生命周期的视角定义全球价值链，即产品在全球范围内的研发设计、生产、运输、销售及对最终用户的支持与服务等价值创造活动的过程。

随着对产品内分工的深入研究，进一步体现产品是如何实现价值创造和价值升值的，Gereffi 等在 2001 年前后，从全球价值链视角出发分析产品全球化进程，实现了用"全球价值链"对"全球商品链"的深度替代。联合国工业发展组织（UNIDO）在 2002～2003 年的工业报告中指出，生产形式的国际化形成了全球价值链，将最终产品的各个生产环节分散到全球范围内的国家和地区，实现全球生产网络化，跨国公司将商品或服务从设计、生产、销售、售后、回收处理等所有环节连接起来，各国根据自身的比较优势参与到全球生产网络中，进行专业化生产，实现全球价值链增值收益。

关于全球价值链理论可以概括为，一种产品从最初的设计到最终的废物回收环节这一整个生命周期中所创造的全部价值增值活动的组合。Hummels（2001）认为，全球价值链形成的基本条件是，最终产品的生产过程包含多个中间产品的生产过程或多个生产阶段，这个过程需要跨国进行，不同国家根据比较优势生产不同的中间产品，参与生产的国家需要进口他国的产品作为本国生产所需的中间产品，进而完成最终产品的生产。

已有的研究成果多半认为全球价值链提升是处于价值链低端的发展中国家为促进产业发展，在国际中取得优势的重要方式。Kaplinsky 和 Morris（2002）提出企业通过生产工艺流程的升级，实现价值链的升级。Syefano 和 Joachim（2009）以南非制酒业为例进行实证研究，证明了生产工艺升级促使价值链升级的合理性。Gereffi（1999）、Humphrey 和 Schmitz（2002）等分别以东亚国家为例发现，发展中国家大多会受到发达国家的阻碍，陷入"低端锁定"的困境，依照发达国家设定的从委托组装到委托制造，再到所谓的自主设计制造和自主品牌制造的生产路径，最终实现价值链的升级。即便如此，发达国家也一直处于全球价值链的主导地位。Levchenko（2007）研究发现，制度质量会对全球价值链的升级产生不同的影响。Freeman（2013）认为，知识和人力资本对全球价值链的升级起到促进作用，特别是对于发展中国家来说，人才的积累对全球价值链的提升显得更重要。Agostino 和 Giunta 等（2015）通过对意大利制造业公司的实证研究发现，创新能力和市场渗透力是全球价值链攀升的两个重要因素，创新能力越高、市场渗透能力越强，其全球价值链攀升得越快。

国内学者对全球价值链的研究起步相对较晚，但是在近些年不断增多，尤其是结合中国的现实情况，对中国产业的发展和全球价值链的提升有更加重要的作用。刘海云、毛海鸥（2015）计算发现交易费用的减少、人力资本、外商直接投资和公共物品的增加会加快全球价值链攀升。杨连星、罗玉辉（2017）实证研究发现，全要素生产率和贸易规模与全球价值链的攀升有正向相关关系。陈艺毛等（2019）根据黑田法推算出 2014～2016 年投入产出表，并利用制造业 2000～2016 年的投入产出表，实证指出中国制造业处于全球价值链低端，并且发现要素禀赋的参与对全球价值链的攀升起到促进作用。黄光灿等（2019）认为，技术进步进一步实现制造业全球价值链的提升，可以提高间接附加值率。屠年松、薛丹青（2019）利用中国 30 个省份的面板数据实证指出贸易自由化对全球价值链地位的提高起到积极作用，但是贸易自由化对中等技术制造业的全球价值链地位的提升却具有相反作用。何文彬（2019）对中亚、西亚的制造业数据进行实证研究，发现全球价值链地位提高的重要因素还应包括物质资本、政府服务质量、低失业率和完善的基础设施。黄灿、林桂军（2017）利用 22 个发展中国家的面板数据建立固定效应模型发现，自然资源丰裕度、研发投入是促进全球价值链地位提升的驱动因素，但规模经济、资本劳动比等因素对全球价值链地位的提升却没有明显的作用。童伟伟（2019）的观点是 FTA 深度、服务贸易、竞争和投资方面可以显著促进全球价值链地位提升，而 FTA 的灵活度会阻碍全球价值链地位的提升。

2.2.2 全球价值链地位及攀升理论

对全球价值链地位的研究以及地位攀升是近几年的研究重点。逐渐从理论研究向量化研究转变，分别从不同的视角切入。陈秀英、刘胜（2020）考察了国际研发网络嵌入与全球价值链分工地位之间的关系及其吸收能力的门槛影响效应，研究发现深度国际研发合作有利于全球价值链地位的攀升，要素禀赋、金融发展和人力资本的水平越高、研发能力越强并且制度环境越完善的国际研发合作对全球价值链地位攀升的影响越显著。谷军健、赵玉林（2020）以金融体系与科技创新协同发展为研究视角，探讨了金融发展影响全球价值链地位的作用机理，并采用面板数据实证检验金融发展对全球价值链地位的影响。研究发现，金融发展对 GVC 地位低的国家具有较大提升效应，但是随着 GVC 地位提升，金融发展与科技创新的偏离将呈现更大的抑制效应，相比直接金融发展对全球价值链地位的提升效应更大。

程凯、杨逢珉（2020）采用中国微观企业数据，实证分析进口中间品质量对制造业全球价值链地位攀升的影响。研究结果表明，对国有企业来讲，进口中间品质量升级促进制造业全球价值链地位攀升最明显，大于外资企业和私营企业，对一般贸易企业的促进作用大于加工贸易企业。进口中间品质量升级对制造业全球价值链攀升的促进作用会逐渐增大。佘群芝、户华玉（2020）从效应影响的研究视角出发，构建了贸易成本影响全球价值链地位的理论机制，并实证检验了贸易成本对中国制造业全球价值链地位的影响效应及途径。研究结果表明，降低贸易成本产生的出口结构效应抑制了中国制造业全球价值链地位提升，而技术创新效应促进了中国制造业全球价值链地位攀升。潘安、戴岭（2020）考察了相对技术水平对中美经贸摩擦的影响，并引入全球价值链地位以检验其在上述影响中的中介作用。研究发现，中美相对技术水平对中美经贸摩擦的产生存在倒 U 形影响，并且相对全球价值链地位产生了显著的中介作用。中国在应对各类贸易摩擦时，需通过产业政策精准地支持企业进行技术创新，并在全球价值链分工体系下与其他经济体建立更为紧密的分工联系。刘亮等（2020）研究全球价值链地位时将智能化与其纳入同一分析框架，从理论与实证两方面验证了智能化发展对全球价值链攀升的影响及其机制。研究表明，智能化水平与地区全球价值链地位攀升存在显著正向影响，对技术密集型行业的全球价值链地位攀升的促进作用最大，资本密集型行业次之，对劳动密集型的影响最小。

2.2.3 高铁产业零部件全球价值链地位研究

关于高特产业全球价值链的概念研究，马欢（2017）认为，高铁的全球价值链是指高铁全球市场上的参与企业进行高铁的技术研发、设计、制造、营销、交付、维修服务及再循环利用的价值增值活动。林晓言、王梓利（2020）认为，高铁的全球价值链是指全球市场上参与企业进行的高铁技术研发、设计、制造、营销、交付、维修服务及再循环利用的价值增值活动。它的全生命周期包含前端专利、中端关键设备、特殊材料与零部件制造和后端维修及循环利用、营销三部分。如图 2 - 1 所示，高铁全球价值链整体呈 V 形分布。

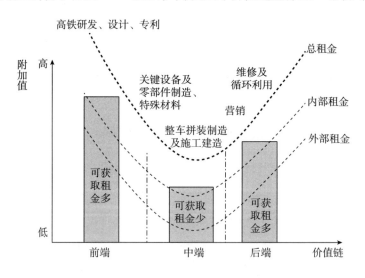

图 2 - 1　高铁全球价值链上租金分配

资料来源：林晓言，王梓利. 中国高铁全球价值链治理位势提升的理论与举措［J］. 当代经济管理，2020（5）：15 - 25.

关于中国高铁产业在全球价值链中战略地位的问题，许多学者从不同角度开展了研究。成祖松（2019）从价值链视角，构建基于国家价值链和全球价值链的"双链"驱动高技术产业升级模式框架，并以高铁产业为例，定性验证了"双链"驱动模式在高技术产业升级中的作用。研究发现，决定高铁价值链布局高端环节的是核心零部件。林晓言、王梓利（2020）认为，高速铁路的全球关键设备和零部件厂商，主要控制在德国、日本等跨国公司手里，而我国高铁主要供应商则非自愿地受制于国际关键设备公司巨头的影响。我国高铁未来发展的突破点立足于高铁关键设备及零部件高端发展环节，主要路径是技术创新、掌握核心技术、突破"卡脖子"的关键技术。佟家栋、白雪飞（2009）采用国际竞争力指数研究中国在日韩市场上零部件生产和组装的比较优势，发现中等技术零部件组装业务有所下降，高技术零部件组装业务不同程度发展，只有成功进入垂直生产中的上游环节，才能解决零部件产业升级的压力。当前国际经济环境下，制造业全球价值链的思考及关键零部件产业链、供应链问题已被学者重视，然而，对高铁产业关键设备及零部件的定量研究还处于空白，本书试图做一研究。

通过对相关文献的梳理发现，当前学术界对于中国高铁产业在全球价值链中地位的研究还比较少，已有研究中针对高铁全球价值链链上租金分配问题的看法大体上保持一致，且与中国高铁的发展现状相符。虽然从国际竞争力视角出发对中国高铁的研究较少，但是有关中国制造业、装备制造业这方面的研究已有很多，可以作为参考。

2.2.4   关于全球价值链地位测度方法研究

关于制造业全球价值链的测度方法有很多种，可以从全球价值链地位、全球价值链参与度、全球价值链生产长度等方面对全球价值链地位进行测度，本书对已有的全球价值链地位测度方法进行总结，并结合本书研究特点，研究对象是微观小类关键设备及零部件，鉴于此，对全球价值链地位的测度方法归纳为以下几种：

2.2.4.1　基于出口技术复杂度的测度方法

Hausmann 等（2007）最早提出出口产品技术复杂度的概念与计算方法。邱斌等（2012）采用出口技术复杂度测算方法，基于 102 个国家 SITC 的五位码贸易数据库计算了 2001～2009 年中国制造业 24 个细分行业的全球价值链地位指数，结果表明中国制造业整体全球价值链地位呈现上升趋势，资本与技术密集型制造业全球价值链地位高于劳动密集型制造业全球价值链地位。汤碧（2012）使用出口技术复杂度指数来测算中国高技术产业的全球价值链地位并进行国际比较，发现注重出口规模向技术含量的转变，将是我国制造业全球价值链地位攀升的重要途径。孙少勤、邱璐（2018）用出口技术复杂度对中国装备制造业全球价值链地位进行了衡量，指出中国处于中低端的位置，但是目前正逐步提高。这一方法以贸易额为基础进行计算，同样不能准确地反映以加工贸易为主国家的情况，尤其是中国，会导致结果被高估。刘敏等（2018）以美、日、德为参照，用 ESI 对 30 个发展中国家的全球价值链地位进行了衡量，发现 2002 年后，这些国家的价值链地位均有所提高，且"一带一路"产能合作对其提高起到了促进作用。

2.2.4.2　基于出口产品价格测度方法

基于出口产品价格测度全球价值链地位的方法可以衡量一国在国际分工中的地位。Schott（2008）采用此出口产品价格进行测算，发现发达国家与发展中国家在出口的产品层次上没有较大差别，但是在同一产品内部，发达国家与发展中国家出口产品的价格体现了国际分工地位的差异。

2.2.4.3　基于贸易附加值的投入产出测度方法

Johnson 和 Noguera（2012）首次提出附加值贸易的概念，立足于双边贸易以及生产与投入产出数据计算全球 42 个国家 1970～2004 年出口贸易额占总出口的比值，并在此基础上分析全球生产分割的问题，同时也讨论了美国对中国的贸易逆差问题，研究结果表明，以增加值计算的贸易逆差比以传统贸易逆差能够降低 30% ~ 40% 。Koopman 等（2014）先将一国总出口的增加值按来源主要分为国内增加值和国外增加值两大部分，后按照出口品价值的不同去向分为九部分。王岚、李宏艳（2015）在剖析全球价值链融入路径的不同演进模式的基础上，通过构建和测算价值链地位指数、增值能力指数和价值链获利能力指数，刻画了 1995 ~ 2011 年中国不同技术水平制造业融入全球价值链的路径及其演进特征。王直等（2015）随后又将其进一步细化为 16 个部分，很好地将一般贸易和加工贸易进行了分离，弥补了以前各类指标对于加工贸易的忽略，从而更加全面和准确地衡量一国的全球价值链地位。林学军、官玉霞（2019）基于中国制造业 14 个行业六年的数据，计算了其 GVC 地位指数，发现通过产学研结合和加强技术引进可以推动制造业的升级。随着全球价值链理论的不断发展，为了更好地研究各国在全球价值链中的水平以及变化，如何衡量全球价值链的地位便成为国内外学者关注的重点。

2.2.4.4　全球价值链地位测度指标和测度方法的最新研究

国内许多学者近年来关于全球价值链地位的测度指标和测度方法等方面的研究，取得了一些积极成果。钱馨蕾、武舜臣（2020）研究国际知识产权保护对制造业显性比较优势、全球价值链地位的影响。通过建立出口价值增值分解模型，构造修正后的显性比较优势指数，对我国 15 个制造业出口额进行分解，进而测度全球价值链地位指数。桑丹丹等（2020）提出环境友好型全球价值链地位指数的测算方法，并以中美制造业为例，从高技术制造业、中高技术制造业、中低技术制造业、低技术制造业四个层面进行全球价值链地位指数与环境友好型全球价值链地位指数的对比分析，发现中国高技术制造业的产业发展水平与美国有较大差距，但中美高技术制造业的环境友好型生产水平相差较小。尹伟华（2020）利用 WIOD 数据，对中国制造业出口中内含的服务要素价值进行分解，发现中国制造业整体出口服务化水平稳步上升，服务要素在制造业出口中发挥着越来越重要的作用，相对美国、日本等发达经济体，中国制造业出口服务化水平相对较低。杨以文等（2020）采用附加值贸易法对中国制造业全球价值链位置进行测度。结果发现，中国制造业全球价值链位置演化经历 GVC1.0、GVC2.0、GVC3.0 三个阶段。金钰莹等（2020）运用出口分解框架，对近年中国整体及其内部制造业、服务业的全球价值链地位指数进行测算分析，发现中国整体全球价值链地位指数呈现倒 N 形变化趋势，中国整体上在全球价值链中的国际地位有逐步向上发展的趋势，但仍处于全球价值链地位的相对下游位置。闫云凤（2020）分别从生产端和消费端分析中国内资企业和外资企业在全球价值链中的嵌入位置及演进路径，研究发现，内资企业比外资企业处于全球价值链更上游的位置，内资企业在中国具有更为完整的生产链。

2.2.5 提升全球价值链的对策研究

有一些学者对全球价值链地位的提升开展了较为建设性的研究。闫云凤（2020）建议中国内资企业要进一步加大功能和空间分离，更加积极嵌入全球价值链；要重视制造业对上下游企业的拉动和促进作用，不可盲目追求高技术制造业或现代服务业而放弃加工制造业；同时也要保持贸易和产业政策的一致性，引导外资在中国的合理布局。张二震、张晓磊（2020）对疫情冲击下的全球价值链重构提出对策。戴翔（2020）提出疫情下全球价值链重构的中国方案。夏友富、何宁（2018）按制造业的行业特点，提出不同类型的促进装备制造业迈向全球价值链中高端的路径。李静、许家伟（2017）针对中国制造业的行业特点，提出关于全球价值链重构背景下我国价值链攀升的政策建议。荆林波、袁平红（2019）针对全球价值链变化的新趋势，提出以新旧驱动力融合为着眼点，以"一带一路"倡议为抓手，以复杂全球价值链打造为核心的全球价值链附加值提升的对策建议。张二震、张晓磊（2017）认为，以"一带一路"倡议为平台扩张全球价值链分工网络的外部空间和以自贸区战略为依托推进中国对外开放水平由"边境上"向"边境内"深化，是中国应对出口增速下降可能的对策思路。李敦瑞（2018）认为，在我国从"经济大国"迈向"经济强国"的过程中，应顺应技术潮流和经济发展趋势，依托产业转移，发挥其在构建国家价值链和"一带一路"大区域价值链中的作用，积极参与全球经济治理体系建设，着力培育高端要素，从而助推我国产业迈向全球价值链中高端。杜传忠、杜新建（2017）认为，应打造以"本土企业"为链主的分工体系，积极参与全球贸易规则重构，加快推进我国在全球价值链中的地位攀升，获取更多的国际分工利益。陈能军、史占中（2020）认为，中国应该把握5G技术发展红利，从优化审查机制、强化内容创作、建立技术标准、注重知识产权保护和加强国际合作等维度积极参与和引领数字创意产业的全球价值链重构实践，推动数字创意产业向全球价值链高端攀升。

2.3　高铁产业国际竞争力研究

2.3.1　国际竞争力理论研究

对国际竞争力的衡量可以采用定量或定性，或者两者相结合的方法，具体分为三个层面进行：第一层是较宏观地对国家竞争力进行衡量，因为国家竞争力有助于产业国际竞争力的形成和发展；第二层是从产业角度对国际竞争力进行衡量，在这个层面具有代表性的是波特的"钻石模型"；第三层是对企业竞争力的衡量，因为对产业的定义也可以从企业实体的角度来分析。

2.3.1.1　国家层面的国际竞争力理论

世界经济论坛（WEF）在其报告中使用八个层面的评价模块：国际化程

度、政府影响、金融实力、基础设施建设、企业管理能力、科技能力、人力资源和法规制度。瑞士洛桑国际管理发展研究院（MD）在报告中明确使用六个方面的指标衡量影响国际竞争力的因素：资产、资产创造过程、本国市场对外资的吸引能力、本国企业参与国际竞争的积极程度、本国产品被他国人接受的程度、本国产品相对于进口品被本国人接受的程度。裴长洪、王键（2002）提出用产业竞争力的结果和未实现的竞争潜力共同反映产业竞争力，前者可以用显示性比较优势指标（RCA）等显性指标衡量，后者可以用分析性指标反映。

2.3.1.2 产业层面的国际竞争力理论

提出从产业层面衡量竞争力的，主要是 20 世纪 90 年代初迈克尔·波特教授的"钻石理论"和 2002 年联合国工业发展组织（UNIDO）在《2002/2003工业发展报告》中使用的工业竞争为评价体系。联合国工业发展组织（UNI-DO）的评价体系包括人均产业增加值、人均产成品出口额、高技术产品在产业增加值中所占的比例、高技术产品在产成品出口额中所占的比例、产业增加值在 GDP 中所占的比例和产业成品在总出口额所占的比例六项基本指标，它用各项算术平均值作为综合指数结果来对各国工业竞争力进行对比。但这种评价体系建立的时间较短，体系不够完善。在国内，以金碚（1997）为代表的中国社会科学院课题组提出，可以用显示性指标、直接因素指标和间接因素指标构建评价体系来测量工业品国际竞争力。

波特的"钻石模型"用四个关键要素和两个重要变量分析企业竞争所处的国内经营环境，环境进而决定了一个产业竞争力的形成。第一个要素是生产要素，包括天然资源等初级生产要素，以及高级人力资源、科研院校等高级生产要素，后者相对更重要。第二个要素是需求条件，国内市场需求可以激发厂商的创造力。第三个要素是相关与支持性产业，包括产业链上游的供应商和共享信息等相关产业。除相关产业和支持性产业自身的竞争优势外，产业之间的协调与合作性等也有积极作用。第四个要素是企业战略、结构与竞争，主要指某个产业内的企业组织管理以及其竞争对手的表现。两个重要变量是政府和机遇，前者通过法规、政策等影响经营环境，后者属于随机性因素，一旦产生就可能打破现有的竞争格局。两个重要变量通过四大关键要素对产业竞争力产生影响，并且彼此之间相互作用。由于"钻石模型"为产业国际竞争力的研究提供了基本分析框架，并且在其他学者的实证研究中部分得到了检验，因此成为研究产业竞争力的理论基础。"钻石模型"的缺陷主要表现在以下三个方面：一是政府角色的内涵以及四大关键要素的关系不清楚；二是由于仅考虑国内环境等且局限于一国，忽略了一些重要变量，比如产业文化、国际化趋势的影响；三是在实证上缺乏客观的操作指标。因此，国内外学者都对"钻石模型"提出修改。芮明杰等（2004）在原钻石模型中加入"知识吸收与创新能力"变量并作为核心，因为这种内在变量才是使一个产业拥有参与国际竞争能力的根本。

2.3.1.3　企业层面的国际竞争力理论

世界经济论坛（WEF）把企业竞争力定义为企业拥有的相对其竞争对手而言更能够均衡地创造财富的能力。普拉哈拉德（C. K. Prahalad）和哈默尔（G. Hamel）指出企业由核心能力、核心产品和最终产品三部分组成，在这个定义中就突出了核心能力的概念。波特从竞争环境和竞争力形成过程两个角度提出自己的看法，他从同行业内现有的竞争者、潜在的进入者、替代产品或服务、供应商价格谈判的能力和购买者价格谈判的能力五个方面分析竞争环境，认为企业可以根据自身面临的具体实际情况采取成本领先战略、差异化战略和集中化战略等基本战略以形成自己的竞争力。

在国内的研究中，张志强、吴健中（1999）认为，对企业竞争力的衡量可以从三个角度即现实的市场竞争能力、未实现的潜在市场竞争能力以及将这种潜在竞争能力转变成现实的能力。胡大立（2005）认为，企业竞争力是其在获取利润时表现出的综合素质，表现为对市场份额的获得力。芮明杰

（2010）在研究中国商业银行国际竞争力评价指标时，认为受数据可获得性约束，主要以市场结果（如盈利能力等财务指标）并结合竞争潜力指标进行分析。梁栩凌、聂铁力（2013）以偿债能力、盈利能力、经营能力和市场的投资收益能力等作为农业上市公司的竞争力评价体系的四个方面。一些专业咨询公司也构建了自己的竞争力评价研究体系，例如，大公国际资信评估有限公司用规模能力、财务结构、经营能力、盈利能力和发展速度五个方面的 19 个指标构建评价体系研究企业竞争力。

2.3.2　中国高铁产业国际竞争力的相关研究

具体到中国高铁产业，国内对高铁产业竞争力的研究主要围绕中国高铁参与国际竞争的优劣势进行分析，并给出政策建议。国内对高铁产业国际竞争力的研究主要包括以下两个方面：

2.3.2.1　关于中国高铁开拓国际市场的动力研究

研究中国高铁参与国际竞争首先要考虑的问题是我国高铁开拓国际市场的动力。对此张晓通、陈佳怡（2014）认为，中国高铁"走出去"动力源于国际市场需求的增大、中国国家经济发展战略和政府主导下产业合力的形成。张梦（2010）从区域经济发展的角度，认为中国高铁的海外市场的开拓由中国西部出发连接欧亚。郑凯锋等（2014）的观点是中国高铁"走出去"在提升中国经济实力和影响的同时，可以改善地缘关系。徐飞（2015）认为，中国高铁是架设"世界和平之桥"的新载体，他给出了中国高铁"走出去"三大战略主旨，即发挥高速铁路的实际作用，在重建横贯欧亚非大陆的"丝绸之路经济带"和"21 世纪海上丝绸之路"中发挥重要作用，支撑新"陆权"、打造新"海权"，扩大中国的国际影响。林利民（2014）以建设"环球高铁"的视角，分析在技术、成本收益原则上已经具备的主客观条件，提出以中国北京为枢纽点建设四条主要高铁线，就能连接欧亚非洲和南北美洲，中国在这一庞大的计划中发挥作用，世界各国都从中获益。

2.3.2.2　关于中国高铁产业全球竞争优势研究

关于中国高铁产业具备怎样的竞争优势，多数学者从中国高铁产业自身和面临的竞争环境两个角度做出了阐述。物美价廉一直是外界对中国产品的印象，中国高铁自然也不例外。中国制造业化及劳动力具备的成本优势也带来了高铁在设计、建设、制造上较大的成本优势，高效率也使交货期限缩短。何华武（2010）从技术和经验积累的角度出发，认为中国高铁系统技术最全面、产业集成能力最强、实际运营里程最长、适应各种地理和气候环境条件的能力最强。骆革新、杨继国（2015）认为，中国高铁产业的竞争优势主要体现在国内市场占有率的优势、质量和产品差异性优势、成本和价格上的优势。陈安娜（2014）也认为，中国高铁具备技术优势、成本优势和丰富的建设经验，安全系数高。张梦（2010）认为，中国高铁不仅在技术，同时在设计和制造方面都拥有绝对优势，能够从建设阶段的轨道施工、设备供应到后期的运营管理和维护等方面提供打包式的交钥匙服务，也可以满足既有线路和新建线路对列车时速不同的市场需求。然而，张晓通、陈佳怡（2014）认为，我国高铁自身在技术上或有不确定的安全性问题，存在相对其他高铁强国而言管理运营经验不足、对海外市场运行规则不够熟悉等障碍。陆娅楠（2014）认为，我国高铁在海外与在国内建设相比，技术难度不是主要的，涉及企业国内外资源调配能力的商务难度更不易。徐飞（2015）从产业环境的角度出发，认为我国高铁于外面临世界经济复苏和世界市场对高铁需求上升的良好局面，于内则有政府规划引导国内高铁企业有序"走出去"。

2.3.3　关于制造业国际竞争力分析方法

关于制造业国际竞争力的测度方法有多种，通过对制造业国际竞争力文献的梳理，并总结方法之间的区别与联系，本书整理出以下主要的四种测度方法：其一，国际市场占有率指数（IMS）。国际市场占有率指数是一国出口总额占世界出口总额的比例，反映一国在某一产品对外贸易数量规模方面的竞争能力，该比值越大，说明一国的市场份额越大，从而具备越强的国际竞争力。王厚双、盛新宇（2020）使用国际市场占有率指标测算我国高端装备制造业国际竞争力。其二，显性比较优势指数。Balassa（1965）最初用显性比较优势指数 RCA 来测度某个产业的国际竞争力，之后用来测度产品出口竞争力。金碚等（2006）综合利用 RCA 指数、CA 指数、国际市场占有率、市场渗透率等指标测算了中国制造业的竞争力水平。其三，贸易竞争优势指数（TC 指数）。贸易竞争优势指数也称为贸易专业化系数（Trade Specialization Coefficient，TSC），表示一国进出口贸易的差额占进出口贸易总额的比重。贸易竞争优势指数综合考虑了进口与出口两个因素，能够反映一国某一产业部门在国际市场竞争中是否具有竞争优势。TC 指数处于（－1，1）。若 TC＞0，表示该国该种产品的生产效率高于国际水平，具有贸易竞争优势，数值越靠近 1 表明竞争力越强；TC＝0 时，说明该国某商品（或行业）的贸易竞争力与国际水平相当；若 TC＜0，表示该国是该产品的净进口国，该种产品的生产效率低于国际水平，处于竞争劣势，数值越靠近 －1 竞争力越弱。其四，Michaely 指数。Michaely 指数又称 Michaely 波动指数。Michaely（1996）提出 Michaely 指数，使数据统计口径不同的难题得到解决。杨勇、张彬（2009）将单一 Michaely 指数扩展为时间序列，以考察一国在加入经济一体化组织后生产结构和贸易结构的调整过程，从而拟合经济一体化的生产效应与贸易效应。Michaely 指数的主要功能在于衡量经济变数每年变动平均程度的大小，其衡量的值代表波动的大小，亦即经济变数稳定程度，MI 指数取值范围为（－1，1）。若 MI＞0，表示该国该种产品具有比较优势，数值越靠近 1 表明比较优势越强；若 MI＝0，表示该国该种产品的竞争优势处于国际平均水平；若 MI＜0，表示该国该种产品具有比较劣势，数值越靠近 －1 表明比较劣势越明显。

通常情况下，制造业全球价值链地位的高低与国际竞争力水平的高低方向一致。因此，在众多衡量国际竞争力的方法中，找出与本书使用的测度全球价值链地位的指标数据所匹配的测度国际竞争力的方法，能够进一步佐证中国高铁产业关键设备及零部件的国际竞争力。

2.4 制造业关键核心技术相关研究

目前，国内外专门针对高铁产业关键核心技术的研究（除了纯技术方面的研究）并不多见，而作为制造业重要代表的高铁产业，在这方面的研究完全可以借鉴制造业关键核心技术的相关研究成果，作为其开展研究的基础。

制造业关键核心技术是衡量一国或地区工业水平与创新能力的重要标志之一，掌握制造业关键技术对于占领产业竞争制高点、掌控上游供应链、提升制造业竞争实力具有巨大的现实意义。在不同的历史时期、不同的经济发展阶段、不同的产业竞争环境下，制造业关键技术具有不同的内涵范畴。

国内外关于"制造业关键核心技术"的研究始于 20 世纪 80 年代，并呈现了"井喷"式的研究态势。从对制造业关键核心技术的理解与阐释的研究来看，学术界主要从以下几个方面进行：张峥嵘、袁清珂（1999）根据制造业本身的特点界定与解读其关键技术；洪勇、苏敬勤（2007）从核心产业链与核心技术链角度界定与解读制造业关键技术；李少波、陈永前（2017）从产业发展阶段与环境变化角度界定与解读制造业关键技术；张睿旻（2016）从制造业转型升级角度界定与解读制造业关键技术。

关于制造业关键核心技术在全球产业链和价值链中地位和作用的研究，学术界主要集中在两个方面：Swafford 等（2008）研究制造业关键技术在全球供应链中的地位和作用，提出 IT 技术整合能让企业提升供应链的灵活性，提升企业竞争力；Timmer 等（2014）研究制造业关键技术在全球价值链中的地位和作用，认为制造业关键技术直接影响在全球价值链中的地位及分工，且发达国家通过对制造业高技术活动的重视，使其在全球价值链中抢占先机。

关于中国制造业关键核心技术缺失现象描述与判断的研究，主要体现在以下几个方面：陈宏、杨柳婧（2008）从产业竞争力角度研究中国制造业关键核心技术的缺失；何施等（2013）做了关于制造业具体行业关键核心技术缺失的研究；孙树叶（2019）、石靖敏（2017）等学者从产业转型发展角度研究中国制造业关键核心技术的缺失。

关于中国制造业关键核心技术缺失成因的研究分为两个层面：一是从国内要素禀赋约束的角度进行剖析，季良玉（2018）、王旭和褚旭（2019）等从金融约束的角度对关键技术缺失的成因进行分析；武力超等（2019）从服务要素缺失的角度进行阐释；江小国、张婷婷（2019）等则从市场环境等软要素的角度对缺失的成因及效果进行研究。二是从产业政策角度进行分析，顾夏铭等（2018）研究了产业政策的不确定性对技术缺失的成因。

通过对"制造业关键核心技术"进行知识图谱研究发现：一是制造业关键核心技术的文献成果从研究伊始就保持了持续增长态势，WOS 数据库表现得更为明显。二是发达国家，尤其是制造业强国引领了该领域的研究。从主要研究国家或地区看，发文量最多的国家分别是中国、美国、英国，其次分别是澳大利亚、意大利、西班牙、加拿大、日本、法国、韩国等相对发达国家。三是发达国家与发展中国家交替引领研究的创新性突破。从研究的国家影响力来看，发达国家从 1995～2008 年在制造业关键技术领域取得了突破性进展，而近 10 年，开创性研究最为凸显的国家是发展中国家；但是从研究热点和前沿面看，中国尽管作为发文量最大的国家，但是基本都是在已有的领域进行持续性研究，缺少突破性进展，因此，中国亟待在"制造业关键技术"领域的研究中实现新突破和提升话语权。四是制造业关键技术的"信息化"和"绿色化"发展趋势是该领域研究的主流热点问题。通过对关键技术研究热点的分析可以发现：排名前列的热点关键词显示均属于信息技术类，研究所选择的具体产业类型集中在引领战略性新兴产业 5G 通信和物联网、云计算；五个热点关键词聚类标签分别是"物联网""云计算""5G 通信移动""大数据""智能电网"，基本涵盖了关键技术研究的主要热点领域。五是制造业关键技术热点研究的政策指向性较明显，突发性热点词的兴衰往往伴随着某一项新政策的提出与落实。由于关键技术研究属于国家颠覆性技术，备受重视，现阶段关键技术的研究已经在一定程度上出现了由于技术瓶颈所导致的学术研究后继动力不足、创新匮乏等问题。因此，关键技术的相关学术研究应当跨度合作，不断扩充理论和实践的创新发展，为我国关键技术研发实践进行指导和服务。

综上所述，虽然国内外学者对制造业关键核心技术的研究方兴未艾、如火如荼，其中有许多观点值得借鉴，但是对于高铁产业关键设备及零部件的关键技术研究却鲜有学者关注。因此，本书开创性地以国际竞争力为分析视角，拓展性地研究制约中国高铁产业发展的瓶颈，即以高铁产业关键设备及零部件为切入点进行实证研究，以提升中国高铁产业的国际竞争力。

2.5　中国高铁产业自主创新相关研究

2.5.1　高铁产业关键核心技术自主创新

高德步、王庆（2020）认为，中国高铁自主创新是成功的产学研合作典范，以中国高铁领域的产学研合作为研究案例，探究学研机构与企业在参与产学研合作过程中双方创新能力的演变过程。首先采用现场调研与访谈收集一手数据和通过查阅内部档案资料、媒体报道、研究文献、专著来搜集二手数据。其次构建案例研究数据库，课题组成员背靠背对不同来源数据进行编码，使数据之间形成交叉性三角验证关系，建构起数据间"证据链"。最后对数据的内部效度、外部效度进行了检验。研究发现，2004 年至今，我国高铁产业发展的三个阶段中学研机构与企业合作时应该确保双方的交集在"巴斯德象限"领域，有助于双方思想交流碰撞，激发出新的思想、观点和方法，进而推动各自创新能力的不断提升，实现双方共赢。程鹏等（2011）对高铁产业需求引致基础研究的过程进行深度研究，构建了产业需求引致基础研究的四阶段演进过程。产业需求提出的什么是符合中国特有国情的高速铁路技术体系和中国高铁产业能否成为引领世界高铁未来发展的重要力量，这两个问题拉动了中国相关基础科学的发展，使基础研究成为塑造产业核心竞争力的一个有效手段和途径。李政、任妍（2015）研究了中国高铁产业发展与自主创新历程，经验证明，发展中国家制造业实现技术赶超甚至技术引领的前提是在充分发挥市场作用、整合国内外资源的基础上，坚持自主创新导向，立足国情、立足市场、立足自身。高铁产业创新的整个过程中，政府角色不可或缺，政府对创新资源的配置和战略指引至关重要，国有企业在战略性、基础性技术创新和重大攻关方面具有制度优势。吕铁、贺俊（2017）基于对中国高铁部门各类创新主体的广泛实地调研发现，微观主体激励结构的改善、不断强化的市场竞争和创新导向的选择机制，才是自主创新成为中国高铁相关主体理性选择的主要原因。刘云等（2019）以中国高铁工程为例，分析国家重大工程的颠覆性创新模式。从实施主体、主导要素、关键爆发点的角度分析高铁发展要素的作用机理，构建中国高铁颠覆性创新的"三三三"模式，并从创新特点、适用范围、创新条件视角分析高铁模式，最后从普适性角度分析本书的研究启示。曾宪奎（2020）认为，中国的高铁产业技术创新项目，属举国体制在技术创新项目上的应用。我国未来在关键核心技术攻关领域采纳的新型举国体制，根据我国实际情况，可以从控制新型举国体制的应用范围、先试点后推广的原则稳妥地发展新型举国体制、建立新型举国体制的动态演变机制这三个方面着力。魏巍、安同良（2019）通过构建并求解了中国高铁技术引进方与国外技术转让方之间的博弈模型，研究了中国高铁技术引进与自主创新取得成功的关键影响因素与作用机制。研究发现，国内的市场需求越大、产业集中度越高、对国外产品的进口准入越严，国外技术转让企业越分散，则国内企业越容易取得技术引进与自主创新的成功。

2.5.2 高铁产业关键核心技术整合式创新

吴欣桐等（2020）以中国高铁产业案例为基础，采用纵向定性分析，从时序角度剖析、阐述中国高铁产业萌芽、演化、发展、壮大的过程。主要采用 Nvivo 软件进行分析，按照编码程序对文本信息进行处理，分析表明，整合式创新及其在中国高铁产业的应用为中国情境下创新范式的涌现与重大科技创新实践的归纳提供了启示。张球、方兴起（2012）研究中国高铁的"合作发展模式"，认为是国企在产业层面创新的一个有益尝试，中国高铁走的是一条实实在在的自主型进口替代与出口导向相互协调的发展道路。路风（2019）采取过程性和历史性的视角，通过对自主开发道路和形成以高铁替代传统铁路两个"转变"过程的全景式分析，揭示出在解释中国高铁的成功时被广泛忽略的因素，中国铁路装备工业的技术能力基础和国家对于发动铁路激进创新的关键作用——并提出系统层次的创新是保持中国高铁领先的关键。冯灵等（2015）以 Innography 专利信息检索平台以及德温特专利数据库（DII）收录的高铁专利为数据来源，从高铁技术专利布局和专利主体优化角度出发，结合描述性统计和专利关键词共现知识图谱分析，研究发现，通过专利申请数量及技术周期的变化，揭示了技术发展历程及潜能。从市场层面分析技术的布局情况，锁定特定市场里具有竞争力的创新主体，进而了解企业的竞争环境。通过关键词词频聚类分析重要及热点技术领域，探索技术机会和前景。黄阳华、吕铁（2020）立足于中国经济体制改革和高铁产业创新发展的实践，利用对业内 18 家核心机构、300 余人次的调研资料，采用产业创新体系的分析框架，对高铁行业技术赶超现象进行历史与逻辑相统一的解释。研究发现，铁路制度的调整塑造了微观主体的技术创新激励，是解释中国高铁技术赶超的关键。市场需求的升级在高铁技术赶超中发挥了基础性乃至决定性作用，也是产业政策有效发挥作用的必要条件。产品开发平台对高铁装备制造业技术能力的提升至关重要，而引进创新与自主创新都是完善产品开发平台的手段，两者是互补的关系。高铁技术赶超经验的一般性与特殊性，为建设制造强国提供了有针对性的理论和经验启示。李政、任妍（2015）研究高铁产业的成功经验，表明在中国实现创新驱动发展的过程中，政府对创新资源的配置和战略指引至关重要，国有企业在特定产业和领域具有独特的自主创新优势，自主创新的能力和意识决定引进技术的效果和最终成败。林晓言、王梓利（2020）以全球价值链理论为框架，在分析高铁全球价值链治理体系与模式的基础上，测算全球主要厂商的治理绩效，研究发现，高铁全球价值链治理的实质是核心技术掌控者建立标准，控制链上企业，发挥协调作用，主导生产与分配，追求价值链租金份额最大化；治理体系由集成企业、行业协会、关键设备和零部件产商构成，处于核心地位的集成企业引导价值链治理由层级型向模块化治理、由政府主导到企业主导治理转变。中国中车价值链治理绩效位列行业第三，要引导核心要素集聚，推动产品升级；加强与关联企业价值链协作，推动过程升级；夯实专利标准化，推进功能升级；同步企业内部与外部环境治理，走链条化升级的发展道路。

第3章 中国与高铁强国关键设备及 零部件国际竞争力比较研究

时至今日，中国高铁已跻身于全球先进高铁之列。中国成为世界上高速铁路建设里程最长、运营速度最快、运营场景最丰富、对自然环境适应性最强的国家。中国高铁在运营层面、技术层面等具有优势。本章采用四个国际竞争力测度指数，分别测度中国高铁关键设备及零部件的国际竞争力情况，以反映中国高铁在全球价值链特定位置中的国际竞争力。

3.1 中国高铁技术层面国际竞争力的整体评价

3.1.1 相对完善健全的技术体系

中国高铁发展以创新为驱动，遵循"自主创新、重点跨越、支撑发展、引领未来"的科技方针，联合行业内外科技力量，开展自主创新和关键技术攻关，借助引进、消化、吸收，构建了涵盖工务工程、高速动车组、列车控制、牵引供电、运营管理、风险防控六个方面的高速铁路技术体系，形成了在核心技术体系、成套建造体系、产业制造体系、运维服务体系、人才支撑体系等方面的五大优势。中国高铁总体技术水平迈入世界先进行列，成为引领当今世界铁路发展的一支重要力量。

3.1.2 自主创新研发水平不断增强

中国高铁自主研制了多种型号的动车组，构建了 250 千米/小时、350 千米/小时的中国高速动车组技术体系。中国企业搭建的动车组产品谱系化研发平台，可满足用户差异需求，形成了 35 种型号动车组，涵盖时速 160~350 千米速度级，运用于既有线提速铁路、城际铁路和客运专线等不同线路，能适应高温、高寒、高湿、沙漠等不同气候环境。除了"和谐号"CRH1、CRH2、CRH3、CRH5 等多个系列产品，时速 350 千米的"复兴号"中国标准动车组全面拥有自主知识产权，在关键技术上实现重要突破。中国标准动车组基于运用需求，采用正向设计，基于顶层目标层层分解，实现了整车及关键系统部件系统化自主化创新。通过统一司乘界面、操作界面、旅客界面以及统型零部件，实现了简统化和互联互通，使不同厂家动车组能够相互重联、救援、热备。采用涵盖所有关键系统和设备的网络监控，同时应用高速以太网与传感技术，实现智能化全面提升。高铁车辆的系统化技术创新，使高铁系统的安全性、舒适性与节能环保特性得到有效提升。

3.1.3 技术国产化速度迅速提升

通信信号技术在信息化潮流中发展快、变化大，以往我国高铁技术中心相对薄弱的环节，现在也有了长足的进步。目前，高速列车运行控制核心技术和产品已实现国产化，自主研发中的高铁自动驾驶系统也有望带来新的突破；高铁运营管理技术在现代管理理念、信息化技术手段和大量运营实践的支撑下，在世界高铁强国第一梯队中走向前列。在运维服务体系和人才支撑方面，中国高铁也形成了比较优势，以最大的路网和运营规模，积累了丰富的管理经验和运维技术，培养和锻炼了一批专业精湛、素质过硬的高铁人才队伍。

3.1.4 中国高铁标准居于世界前列

技术标准的竞争越来越激烈，谁制定的标准为世界所认同，谁就会从中获得巨大的市场和经济利益。高铁领域也是如此，谁掌握了标准的话语权，谁就取得了高铁市场的主动权。中国铁路有国家标准 182 项、行业技术标准 1036 项、铁路总公司技术标准和标准性技术文件 1582 项，还有大量存在于各个企业的企业标准。在高铁各种标准中，我国自主制定的标准占 80% 左右，采用和借鉴的国际标准占 20%。中国主持和参与了 55 项 ISO、UIC 国际标准制修订工作。中国高铁标准全面吸纳了本国高铁基础理论研究、应用技术研究、综合实验、成果应用等多方面的最新成果，能适应多种速度、适应多种气候条件、适应多种地貌地质、使用多种运输模式。在新技术标准范围的推动下，铁路自身所具有的运能大、速度快、能耗低、占地少、污染小的比较优势将得到更充分的体现。随着《高速铁路设计规范》（英文版）的陆续完成，中国高铁将被越来越多的国家、地区及社会公众所认识，中国的高速铁路设计规范必将在世界高速铁路建设发展中发挥越来越重要的作用。

3.2 高铁关键设备及零部件国际竞争力测度指标

本章选用国际市场占有率指数（IMS 指数）、显性比较优势指数（RCA 指数）、贸易竞争优势指数（TC 指数）、Michaely 竞争优势指数（MI 指数）来衡量十个高铁强国关键设备及零部件的发展状况及国际竞争优势。将四种指数综合比较研究，理论上四种指数应为相同的总体趋势，找出指数间差异较大的高铁关键设备及零部件产品，进一步研究探讨其原因。

3.2.1 国际市场占有率指数（IMS 指数）

IMS 指数计算公式为：$IMS_{ij} = x_{ij}/x_{wj}$ (3 – 1)

其中，i 表示国家，j 表示高铁关键设备及零部件，x_{ij} 表示 i 国高铁关键设备及零部件 j 的出口金额，x_{wj} 表示世界高铁关键设备及零部件 j 的出口金额。IMS 指数越接近 100%，则表示 i 国高铁关键设备及零部件的国际市场占有率越大；IMS 指数越接近 0，表示国际市场占有率越小。

3.2.2 显性比较优势指数（RCA 指数）

RCA 指数计算公式为：$RCA_{ij} = (x_{ij}/\sum x_{ij})/(x_{wj}/\sum x_{wj})$ (3 – 2)

其中，$\sum x_{ij}$ 表示 i 国高铁关键设备及零部件的出口总额，$\sum x_{wj}$ 表示世界高铁关键设备及零部件的出口总额。RCA 指数越大，则表示 i 国高铁关键设备及零部件的显性比较优势越强；反之，显性比较优势越弱。

3.2.3 贸易竞争优势指数（TC 指数）

TC 指数计算公式为：$TC_{ij} = (x_{ij} - M_{ij})/(x_{wj} + M_{ij})$ (3 – 3)

其中，M_{ij} 表示 i 国高铁关键设备及零部件 j 的进口金额。TC 指数越接近 1，表示贸易竞争优势越强；TC 指数越接近 –1，表示贸易竞争优势越弱。

3.2.4 Michaely 竞争优势指数（MI 指数）

MI 指数计算公式为：$MI_{ij} = (x_{ij}/\sum x_{ij}) - (M_{ij}/\sum M_{ij})$ (3 – 4)

其中，$\sum M_{ij}$ 表示 i 国高铁关键设备及零部件的进口总额。MI 指数越接近 1，表示国际竞争优势越强；TC 指数越接近 -1，表示国际竞争优势越弱。

3.3　数据来源与说明

高铁关键技术和高铁关键设备及零部件厂商主要集中在欧美和日本等发达国家。本章以中国、美国、德国、日本、法国、加拿大、瑞士、意大利、西班牙和奥地利十个高铁强国为研究对象，使用高铁关键设备及零部件的出口金额，选用的主要指标是出口金额、进口金额、出口总额、进口总额，均以当年价格计算，单位为美元。时间跨度为 2004~2018 年。数据来源于联合国统计司（署）官网、中国海关官网、国家统计局、国际货币基金组织、世界贸易数据库、世界宏观经济数据库并结合 EPS 数据平台整理获得①。九类关键设备及零部件名称与国际海关进出口产品分类标准 HS2002、HS2007、HS2012 和 HS2017 六位代码相对应②，对应的编码分别是轴、轮及零部件（860719）；空气制动器及零部件（860721）；其他制动器及零部件（860729）；驾驶转向架（860711）；其他转向架（860712）；维修或服务车（860400）；交通管理设备及零部件（860800）；钩、联结器、缓冲器及零部件（800730）；电力机车（860110）。

---

① 缺失数据的处理方法：关于数据缺失的原因可能有两种：一是原始数据统计的缺失；二是某类高铁关键设备及零部件当年确实未发生进出口贸易往来，没有数据。本书所使用的主要指标是进口金额（美元）、出口金额（美元）、进口总额（美元）、出口总额（美元），从万美元至千万美元、亿美元不等，数值较大。为保证面板数据的连续性，对个别缺失值用 1 美元代替，几乎不影响样本数据的真实性。

② HS2002 对应 2004~2010 年数据；HS2007 对应 2011 年数据；HS2012 对应 2012~2017 年数据；HS2017 对应 2018 年数据。

3.4 实证结果与分析

3.4.1 IMS 指数分析

表 3 - 1 是 2004 ~ 2018 年高铁强国关键设备及零部件 IMS 指数均值，2004 ~ 2018 年各年 IMS 指数值。

表 3 - 1　2004 ~ 2018 年高铁强国关键设备及零部件 IMS 指数均值

单位:%

关键设备及零部件	中国	美国	德国	日本	法国	加拿大	瑞士	意大利	西班牙	奥地利
电力机车	14.36	0.16	52.60	1.57	4.59	0.04	3.86	1.83	3.40	3.23
维修或服务车	1.95	15.35	12.79	0.57	1.75	1.04	7.43	3.92	0.79	32.51
驾驶转向架	1.16	4.55	22.25	5.35	10.13	3.12	6.04	0.64	1.93	24.64
其他转向架	9.28	3.92	26.20	3.53	4.18	0.21	7.63	3.58	1.98	15.01
轴、轮及零部件	6.7	22.21	11.25	4.91	3.11	2.95	0.53	4.29	2.22	2.28
空气制动器及零部件	1.99	7.86	31.13	0.91	0.90	2.06	0.47	3.56	2.57	11.39
其他制动器及零部件	4.54	20.99	14.01	3.01	17.84	1.17	0.66	3.31	1.01	1.13
钩、联结器、缓冲器及零部件	10.38	17.48	22.74	2.35	1.99	1.11	0.75	0.09	0.64	0.20
交通管理设备及零部件	8.95	6.77	11.24	7.28	7.51	0.88	3.13	3.87	4.86	5.64

资料来源：笔者计算。

从表 3 - 1 可以看出，整体上高铁关键设备及零部件 IMS 指数在 0 ~ 50%。金碚等（2006）、史安娜和陶嘉慧（2019）采用 IMS 指数变化幅度衡量国际市场占有率强弱，本书借鉴上述学者的研究方法并采用幅度差以 10% 为划分标准。每类关键设备及零部件 IMS 指数最大值与所考察国家的 IMS 指数值的幅度差（IMS_{max} – IMS）来衡量国际市场占有率的强弱。$0\% \leqslant IMS_{max}$ – IMS ≤ 10% 表示国际市场占有率很强；$10\% \leqslant IMS_{max}$ – IMS ≤ 20% 表示国际市场占有率较强；$20\% \leqslant IMS_{max}$ – IMS ≤ 30% 表示国际市场占有率较弱；$30\% \leqslant IMS_{max}$ – IMS ≤ 40% 表示国际市场占有率很弱；IMS_{max} – IMS ≥ 40% 表示国际市场占有率极弱。纵向比较结果显示，中国的九类关键设备及零部件中，交通管理设备及零部件（IMS_{max} – IMS = 2.29%）的国际市场占有率很强；其他转向架（IMS_{max} – IMS = 16.92%），轴、轮及零部件（IMS_{max} – IMS = 15.51%），其他制动器及零部件（IMS_{max} – IMS = 16.45%）和钩、联结器、缓冲器及零部件（IMS_{max} – IMS = 12.36%）的国际市场占有率较强；驾驶转向架（IMS_{max} – IMS = 23.48%）和空气制动器及零部件（IMS_{max} – IMS = 29.14%）的国际市场占有率较弱；电力机车（IMS_{max} – IMS = 38.24%）和维修或服务车（IMS_{max} – IMS = 30.56%）的国际市场占有率很弱。

德国的九类关键设备及零部件中，交通管理设备及零部件，空气制动器及零部件，其他转向架，钩、联结器、缓冲器及零部件和电力机车的国际市场占有率均领先各国；其他四类关键设备及零部件的国际市场占有率也处在较高水平，表明德国具有综合领先优势。横向比较结果显示，中国的交通管理设备及零部件，其他转向架和轴、轮及零部件，空气制动器及零部件以及其他制动器及零部件的国际市场占有率具有优势。中国与德国相比，国际市场占有率差距最大的是电力机车，德国 IMS 指数为 52.60%，中国 IMS 指数为 14.36%，德国是中国的大约 4 倍；差距最小的是交通管理设备及零部件，德国 IMS 指数为 11.24%，中国 IMS 指数为 8.95%，德国是中国的人约 1.3 倍。中国与奥地利相比，国际市场占有率差距最大的是维修或服务车和驾驶转向架。

3.4.2　RCA 指数分析

表 3 – 2 是 2004 ~ 2018 年高铁强国关键设备及零部件 RCA 指数均值，

2004 ~ 2018 年各年 RCA 指数值。

表 3 - 2   2004 ~ 2018 年高铁强国关键设备及零部件 RCA 指数均值

关键设备及零部件	中国	美国	德国	日本	法国	加拿大	瑞士	意大利	西班牙	奥地利
电力机车	1.91	0.01	2.53	0.31	1.14	0.02	1.36	0.58	1.06	0.34
维修或服务车	0.30	1.21	0.62	0.18	0.48	0.71	2.88	1.16	0.36	3.26
驾驶转向架	0.20	0.36	1.09	1.67	2.57	1.24	2.50	0.49	1.01	2.63
其他转向架	1.56	0.30	1.24	1.12	1.07	0.14	3.13	1.38	0.93	1.61
轴、轮及零部件	1.10	1.69	0.55	1.50	0.73	1.74	0.21	1.11	0.99	0.25
空气制动器及零部件	0.30	0.60	1.54	0.32	0.28	1.02	0.19	1.00	1.13	1.16
其他制动器及零部件	0.66	1.60	0.69	0.80	4.67	0.82	0.27	1.63	0.73	0.32
钩、联结器、缓冲器及零部件	1.72	1.32	1.11	0.81	0.53	0.55	0.32	0.29	0.48	0.12
交通管理设备及零部件	1.52	0.53	0.56	1.69	1.81	0.66	1.28	1.14	2.33	0.63

资料来源：笔者计算。

从表 3 - 2 可以看出，整体上，高铁关键设备及零部件 RCA 指数在 0.01 ~ 3.26。刘容欣（2002）认为，RCA ≤ 0.8 表示显性比较优势较弱；0.8 ≤ RCA ≤ 1.25 表示显性比较优势较强；1.25 ≤ RCA ≤ 2.5 表示显性比较优势很强；RCA ≥ 2.5 表示显性比较优势极强。纵向比较结果显示，中国的九类关键设备及零部件中，没有显性比较优势极强的，电力机车（RCA = 1.91），其他转向架和钩、联结器、缓冲器及零部件（RCA = 1.56、RCA = 1.72）的显性比较优势很强；轴、轮及零部件（RCA = 1.10）的显性比较优势较强；维修或服务车、驾驶转向架、空气制动器及零部件和其他制动器及零部件（RCA = 0.30、RCA = 0.20、RCA = 0.30、RCA = 0.66）的显性比较优势较弱。横向比较结果显示，中国的电力机车具有很强的显性比较优势，领先于除德国以外的其他国家；中国的其他转向架显性比较优势领先于除瑞士和奥地利以外的其他国家；

中国的钩、联结器、缓冲器及零部件显性比较优势领先于其他国家。

中国与奥地利相比，差距最大的是维修或服务车，奥地利的 RCA 指数为 3.26，中国的 RCA 指数为 0.20，奥地利是中国的 16 倍。

3.4.3 TC 指数分析

表 3 – 3 是 2004 ~ 2018 年高铁强国关键设备及零部件 TC 指数均值，2004 ~ 2018 年各年 TC 指数值。

表 3 – 3　2004 ~ 2018 年高铁强国关键设备及零部件 TC 指数均值

关键设备及零部件	中国	美国	德国	日本	法国	加拿大	瑞士	意大利	西班牙	奥地利
电力机车	0.02	(0.12)	0.39	0.01	(0.01)	(0.07)	(0.04)	(0.01)	(0.03)	(0.08)
维修或服务车	(0.06)	0.13	0.05	(0.06)	(0.02)	(0.04)	0.03	0.01	(0.01)	0.31
驾驶转向架	(0.06)	(0.03)	(0.00)	0.04	0.08	0.00	0.03	(0.01)	(0.01)	0.22
其他转向架	(0.16)	(0.03)	(0.05)	0.01	0.00	(0.03)	0.02	(0.03)	(0.02)	0.06
轴、轮及零部件	0.03	0.11	0.06	0.05	0.01	(0.03)	(0.01)	0.04	0.01	0.00
空气制动器及零部件	(0.06)	0.03	0.13	0.00	(0.02)	(0.00)	(0.02)	0.02	(0.00)	0.07
其他制动器及零部件	(0.05)	0.16	(0.05)	0.02	0.08	(0.01)	(0.03)	(0.03)	0.00	(0.04)
钩、联结器、缓冲器及零部件	(0.04)	0.08	0.16	0.01	(0.00)	(0.04)	(0.01)	(0.02)	(0.01)	(0.01)
交通管理设备及零部件	0.04	0.05	0.05	0.06	0.06	(0.01)	(0.00)	0.00	0.03	0.01

注：括号内数值表示负值。
资料来源：笔者计算。

从表 3 – 3 可以看出，整体上高铁关键设备及零部件 TC 指数在 – 0.16 ~ 0.39。金碚等（2006）根据制造业不同行业 TC 指数测度结果，认为 TC > 0.3 表示贸易竞争优势很强；TC < – 0.2 表示贸易竞争优势弱。结合本书 TC 指数测度结果，TC > 0.3 表示贸易竞争优势很强；0 < TC < 0.3 表示贸易竞争优势较强；– 0.2 < TC < 0 表示贸易竞争优势较弱；TC < – 0.2 表示贸易竞争优

很弱。纵向比较结果显示，中国的九类关键设备及零部件中，轴、轮及零部件（TC=0.03）和交通管理设备及零部件（TC=0.04）具有很强的贸易竞争优势；电力机车（TC=0.02）贸易竞争优势较强；维修或服务车，空气制动器及零部件，其他制动器及零部件，驾驶转向架，其他转向架和钩、联结器、缓冲器及零部件的贸易竞争优势很弱。横向比较结果显示，中国的电力机车和交通管理设备及零部件具有贸易竞争优势。中国与德国相比，差距最大的是电力机车，德国 TC 指数为 0.39，中国 TC 指数为 0.02，存在层级差异。中国与奥地利相比，差距最大的是维修或服务车和驾驶转向架，奥地利的 TC 指数分别是 0.31 和 0.22，中国的 TC 指数分别是 -0.06 和 -0.06，存在层级差异。

3.4.4 MI 指数分析

表 3-4 是 2004～2018 年高铁强国关键设备及零部件 MI 指数均值，2004～2018 年各年 MI 指数值。

表 3-4 2004～2018 年高铁强国关键设备及零部件 MI 指数均值

关键设备及零部件	中国	美国	德国	日本	法国	加拿大	瑞士	意大利	西班牙	奥地利
电力机车	0.04	(0.25)	0.12	(0.02)	(0.05)	(0.20)	(0.12)	(0.06)	(0.13)	(0.23)
维修或服务车	(0.06)	0.11	(0.00)	(0.57)	(0.09)	(0.06)	0.19	(0.02)	(0.04)	0.34
驾驶转向架	(0.04)	(0.03)	(0.05)	0.06	0.11	0.03	0.08	(0.01)	(0.02)	0.11
其他转向架	(0.10)	(0.03)	(0.10)	(0.02)	(0.01)	(0.04)	0.05	(0.09)	(0.15)	(0.04)
轴、轮及零部件	0.21	0.14	0.02	0.42	(0.04)	(0.10)	0.20	0.28	0.20	(0.08)
空气制动器及零部件	(0.10)	0.01	0.01	(0.01)	(0.12)	0.08	(0.08)	0.06	(0.01)	0.03
其他制动器及零部件	(0.01)	0.03	(0.04)	0.04	0.04	0.01	(0.03)	(0.05)	0.01	(0.04)
钩、联结器、缓冲器及零部件	(0.00)	0.01	0.04	0.01	(0.02)	(0.05)	(0.02)	(0.05)	(0.03)	(0.02)
交通管理设备及零部件	0.08	0.02	(0.01)	0.13	0.13	0.03	0.02	(0.05)	0.18	(0.07)

注：括号内数值表示负值。
资料来源：笔者计算。

从表 3-4 可以看出，整体上，高铁关键设备及零部件 MI 数值在 -0.3~0.59。借鉴王江、陶磊（2017）的方法，将 $0.5 \leqslant MI \leqslant 1$ 表示该国该种产品具有很强的竞争优势；$0 \leqslant MI \leqslant 0.5$ 表示该国该种产品的竞争优势处于较强水平；$-0.5 \leqslant MI \leqslant 0$ 表示该国该种产品具有较弱水平，数值越靠近 -1 表明竞争劣势更明显。纵向比较结果显示，中国九类关键设备及零部件中，电力机车（MI=0.04），轴、轮及零部件（MI=0.21），交通管理设备及零部件（MI=0.08）的竞争优势较强；维修或服务车（MI=-0.06），空气制动器及零部件（MI=-0.10），其他制动器及零部件（MI=-0.01），驾驶转向架（MI=-0.04），其他转向架（MI=-0.10）和钩、联结器、缓冲器及零部件（MI=0.00）竞争优势较弱。横向比较结果显示，中国的电力机车竞争优势较强，且领先于除德国以外的各国。空气制动器及零部件、驾驶转向架和维修或服务车三类关键设备及零部件的竞争优势与先进国家差距很大。中国与奥地利相比，差距最大的是维修或服务车和驾驶转向架，奥地利的 MI 指数分别为 0.34 和 0.11，中国的 MI 指数分别为 -0.06 和 -0.04，存在层级差异。

3.4.5 中国高铁产业关键设备及零部件国际竞争力综合水平

上述研究结果是用四种指数衡量高铁关键设备及零部件的国际竞争力，并且是 2004~2018 年的均值，由于使用的测度方法不同，指数间会存在一定偏差，因此，将 2004~2011 年设为中国高铁起步阶段，2012~2018 年设为中国高铁发展阶段[①]，为更接近中国高铁目前的发展情况，考察 2012~2018 年中国高铁发展阶段的国际竞争力测算数据，使用截尾平均数方法综合评价四种国际竞争力指数值，以便更准确地判定中国高铁关键设备及零部件的国际竞争力综

---

① 本书以下章节也将讨论中国高铁起步阶段和发展阶段的关键设备及零部件全球价值链地位和国际竞争力。

合水平（Level of Aggregation，LA）。表 3 – 5 是 2012 ~ 2018 年中国高铁关键设备及零部件国际竞争力综合水平。

表 3 – 5　2012 ~ 2018 年中国关键设备及零部件国际竞争力综合水平

轴、轮及零部件		维修或服务车		交通管理设备及零部件		空气制动器及零部件		其他制动器及零部件	
IMS	较强	IMS	较弱	IMS	很强	IMS	很弱	IMS	较强
RCA	较强	RCA	较弱	RCA	较强	RCA	较弱	RCA	较强
TC	较强	TC	较弱	TC	较强	TC	较弱	TC	较强
MI	较强	MI	较弱	MI	较强	MI	较弱	MI	中等
LA	较强	LA	较弱	LA	较强	LA	较弱	LA	较强

驾驶转向架		其他转向架		钩、联结器、缓冲器及零部件		电力机车	
IMS	极弱	IMS	很强	IMS	较弱	IMS	很强
RCA	较弱	RCA	很强	RCA	很强	RCA	极强
TC	较弱	TC	较强	TC	较弱	TC	较强
MI	较弱	MI	较弱	MI	较弱	MI	较强
LA	较弱	LA	较强	LA	较弱	LA	很强

资料来源：笔者计算。

综合国际竞争力的四个指数来看，中国高铁轴、轮及零部件的国际竞争力综合水平较强；维修或服务车的国际竞争综合水平较弱；交通管理设备及零部件的国际竞争综合水平较强；空气制动器及零部件的国际竞争综合水平较弱；其他制动器及零部件的国际竞争综合水平较强；驾驶转向架的国际竞争综合水平较弱；其他转向架的国际竞争综合水平较强；钩、联结器、缓冲器及零部件的国际竞争综合水平较弱；电力机车的国际竞争综合水平很强。

3.5　本章小结

本章基于 2004～2018 年高铁关键设备及零部件九类产品的出口数据、进口数据，采用 IMS 指数、RCA 指数、TC 指数、MI 指数测度高铁关键设备及零部件的国际竞争力，研究结果表明：

（1）中国高铁产业关键设备及零部件国际竞争力的中和实力较强，但一些关键设备及零部件的竞争力相对较弱。中国高铁关键设备及零部件国际竞争力最强的是交通管理设备及零部件和电力机车，而空气制动器及零部件、驾驶转向架、其他转向架、维修或服务车的国际竞争力较弱，这与行业层面高铁关键设备及零部件的全球价值链地位低相一致。

（2）中国高铁产业关键设备及零部件国际竞争力，需要锁定目标对象来追赶。电力机车中国主要学习和借鉴德国；维修或服务车、驾驶转向架主要学习和借鉴奥地利；其他转向架主要学习和借鉴瑞士和德国；轴、轮及零部件主要学习和借鉴美国、日本和意大利；空气制动器及零部件主要学习和借鉴德国；其他制动器及零部件主要学习和借鉴美国与法国；钩、联结器、缓冲器及零部件主要学习和借鉴德国；交通管理设备及零部件主要学习和借鉴德国与西班牙。

本章基于上述研究结论，提出以下六点具体政策建议：

（1）发挥中国高铁产业关键设备及零部件的优势，保持电力机车等产品的国际市场占有率，关注高铁关键设备及零部件的前沿技术和发明专利，力争在技术水平上保持世界一流，并扩大在发达国家的出口份额。

（2）对于中国国际竞争力水平低的驾驶转向架、空气制动器等关键设备及零部件要有针对性地学习不同国家的专业技术，深入到具体的环节做技术攻关。

（3）随着世界基础设施的互联互通，进一步放大国际市场需求，扩大高铁关键设备及零部件的出口数量和出口金额，为中国高铁发展带来新的机遇，加快高铁"走出去"成为今后高铁装备发展的国际导向。

（4）发挥国家的制度优势，增强对高铁装备核心关键技术的政策支持，增强对高铁装备的金融、科技、人才等支持力度，提高中国高铁装备核心关键技术的国际竞争力。

（5）从国家战略层面，创建高铁产业关键设备及零部件关键核心技术研发平台，协调组织国家、地方以及产学研等多元的科研资源，集中力量进行协同攻关，以解决核心关键技术"卡脖子"问题，实施中国高铁装备关键设备及零部件自主化创新研发战略。

（6）要进一步深化供给侧结构性改革，完善市场体制机制，健全保障高铁关键设备及零部件的知识产权的法律法规，不断地推进中国高铁装备对知识产权的保护，从而切实提升中国高铁装备核心关键技术在国际市场的竞争地位。

第4章　中国高铁产业关键设备及零部件全球价值链地位测度

本章采用出口技术复杂度的测度方法，开拓性地采用八位数细分行业代码，对十个高铁强国九类关键设备及零部件的全球价值链地位进行测度。从国家层面和行业层面分别开展高铁关键设备及零部件全球价值链地位测度研究，进而比较中国高铁与高铁强国之间的高铁关键设备及零部件全球价值链地位。

4.1　高铁关键设备及零部件全球产业链、价值链分析

4.1.1　高铁关键设备及零部件全球产业链

本书参考赵永秀（2017）高铁六大核心系统、Wind 数据库高铁产业链①

---

① 高速铁路系统主要由六大核心系统构成，分别是基础设施、动车组、牵引供电、通信信号、运营调度和客运服务系统。

和钱桂枫等（2019）高铁关键技术图例，按照高铁运行技术属性将高铁关键设备及零部件全球产业链划分为四个行业九类产品（见图4-1）。其中，行业1分别是轨道及电车道机车或车辆的配件部分，即轴、轮及零部件；高铁刹车系统即空气制动器及零部件和其他制动器及零部件；高铁变道转弯系统即驾驶转向架和其他转向架；车体连接装置即钩、联结器、缓冲器及零部件。行业1的六类关键设备及零部件构成高铁行驶的核心系统。行业2是维修或服务车部分，构成高铁车辆维修系统以及最关键的高铁铁道养护装置。行业3是交通管理设备及零部件。行业4是电力机车部分，分布在高铁各节车厢上的电力机车驱动系统，有别于普通列车靠车头牵引的技术模式。行业1~行业4所包含的九类关键设备及零部件构成了高铁关键设备及零部件的产业链关系，它们在行业内部与行业间存在密切的关联性。

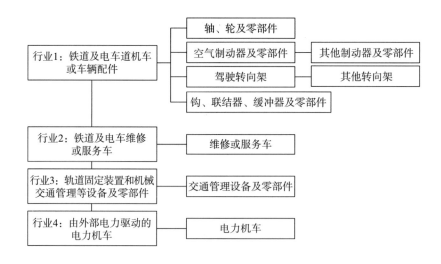

图4-1 按高铁运行技术属性划分的高铁关键设备及零部件全球产业

资料来源：笔者绘制。

4.1.2 高铁关键设备及零部件全球价值链

高铁关键设备及零部件造价约为整车车辆成本的 70%。2004 年以来，我国高铁进入大提速时代，国务院大力提倡"引进先进技术、联合设计生产、打造中国品牌"，促进高铁产业进行自主生产进而实现进口替代。通过几年时间的引进、消化、吸收、再创新，逐步突破集成系统、车体制造、牵引电传动系统、高速转向架、制动系统等九大核心技术以及受电弓等十大配套技术，成功研制了时速 250 千米和 350 千米高速动车组，并创造了每小时 486.1 千米的实验速度。九大关键核心技术包括动车组总成（系统集成）、转向架、车体、牵引变压器、牵引变流器、牵引电机、牵引控制、网络控制、制动系统等。动车组总成是高铁从自身系统顶层角度出发，通过确定顶层技术指标和总体方案，对动车组车体、转向架、牵引传动系统、制动系统和列车控制网络等设计参数进行合理选择和优化，使动车组满足牵引、制动、车辆动力学、列车空气动力学、舒适性和安全性等设计性能指标要求。中国高铁关键设备及零部件生产企业情况，如表 4-1 所示。

表 4-1 中国高铁关键设备及零部件企业情况

关键设备及零部件	制造企业	依赖国外情况
转向架	中国北车、金创集团、阿尔斯通、庞巴迪	主要依赖进口
轮对制造	太原重工、志奇铁路、北方创业、中国北车	主要依赖国产
受电弓	纵横机电、新成新材、永济电机、九方装备	主要依赖进口
制动系统	克诺尔、铺镇海泰、华伍股份	主要依赖进口
刹车片	克诺尔、西屋电气、百科特、法维莱	2013 年打破国外垄断
联结器	安费诺、永贵电器、航天电子、新华控制	大部分依赖进口
信号系统	西屋电气、西门子、阿尔卡特、安萨尔多	大部分依赖进口

关键设备及零部件	制造企业	依赖国外情况
门窗系统	康尼机电、今创集团、博得交通、威奥轨道	主要依赖国产
牵引系统	庞巴迪、ABB、西门子、永济电机	主要依赖进口
车轴	德国 BVV、住友港铁、太原重工	未完全实现国产化

资料来源：Wind 数据库，经笔者整理。

中国高铁关键设备及零部件的主要来源大部分依赖进口，表 4 – 1 所列九大核心技术以及受电弓等十大配套技术中，中国尚未完全实现技术国产化，中国高铁关键设备及零部件对外依存度仍然较大，相应地，约为整车造价成本 70% 的核心经济价值没有掌握在中国手中。

4.2 中国高铁产业关键设备及零部件全球价值链地位测度方法

4.2.1 全球价值链地位测度方法

关于制造业全球价值链测度方法主要有以下三种：一是基于出口技术复杂度的测度方法。Hausmann 等（2007）最早提出出口技术复杂度的概念和计算方法。邱斌等（2012）采用出口技术复杂度测度方法，基于 102 个国家 SITC 的五位码贸易数据库计算了 2001～2009 年中国制造业 24 个细分行业的全球价值链地位指数，结果表明，中国制造业整体全球价值链地位呈上升趋势，资本与技术密集型制造业全球价值链地位高于劳动密集型制造业全球价值链地位。

汤碧（2012）使用出口技术复杂度指数测度中国高技术产业的全球价值链地位并进行国际比较，研究发现，注重出口规模向技术含量的转变，将是中国制造业全球价值链地位攀升的重要途径。王江、陶磊（2017）从国家层面和行业层面测度中国与装备制造强国的全球价值链地位。二是基于出口产品价格的测度方法。Schott（2008）采用此方法进行测度，发现发达国家与发展中国家在出口产品层次上没有较大差别，但在同一产品内部，发达国家与发展中国家出口产品的价格体现了国际分工地位的差异。三是基于贸易附加值的投入产出测度方法。Johnson 和 Noguera（2012）首次提出附加值贸易的概念，立足于双边贸易和生产与投入产出数据计算 1970～2004 年全球 42 个国家出口贸易额占总出口的比值，并在此基础上分析全球生产分割问题，也讨论了美国对中国的贸易逆差问题，研究结果表明，以增加值计算的贸易逆差比以传统方法计算的贸易逆差能够降低 30%～40%。王岚、李宏艳（2015）在剖析全球价值链融入路径的不同演进模式基础上，通过构建和测度价值链地位指数、增值能力指数和价值链获利能力指数，刻画了 1995～2011 年中国不同技术水平制造业融入全球价值链的路径及其演进特征。

4.2.2　高铁关键设备及零部件全球价值链地位测度方法

目前，不同国家制造业在全球价值链中的地位，主要是通过生产和出口技术复杂度进行分析和评价。制造业发达国家在全球价值链的研发设计环节和关键设备及零部件制造环节的出口技术复杂度较高，而发展中国家出口技术复杂度相对较低。通常情况下，采用 EXPY 指数对制造业出口技术复杂度进行测度。EXPY 指数是指与一国出口篮子相应的收入水平/生产率水平。本章采用 EXPY 指数对高铁关键设备及零部件全球价值链地位进行测度。其测度分两步：第一步测度国家层面产业的出口技术复杂度；第二步测度行业层面产品的出口技术复杂度。

4.2.2.1 国家层面产业的出口技术复杂度

首先，构建某一行业的出口技术复杂度 $PRODY_j$：

$$PRODY_j = \sum_i \left[(x_{ij}/X_i) / (\sum_i x_{ij}/X_i) Y_i \right] \qquad (4-1)$$

其中，i 表示国家，j 表示高铁关键设备及零部件某一行业，x_{ij} 表示 i 国 j 行业的出口贸易额，即十个国家四个行业的高铁关键设备及零部件，X_i 表示 i 国出口贸易额；Y_i 表示 i 国的人均 GDP。

其次，构建某一国家的出口技术复杂度 $EXPY_{ij}$：

$$EXPY_{ij} = \sum_i \left[(x_{ij}/X_i) PRODY_j \right] \qquad (4-2)$$

4.2.2.2 行业层面产品的出口技术复杂度

首先，构建某一产品的技术复杂度 $PRODY_k$：

$$PRODY_k = \sum_i \left[(x_{ik}/X_i) / \sum_i (x_{ik}/X_i) Y_i \right] \qquad (4-3)$$

其中，i 表示国家，k 表示高铁关键设备及零部件某一产品，x_{ik} 表示 i 国 k 产品的出口贸易额，即十个国家九类高铁关键设备及零部件，X_i 表示 i 国出口贸易总额；Y_i 表示 i 国的人均 GDP。

其次，构建某一行业的出口技术复杂度，为与国家层面相区分，用 $EXPY_{ik}$ 表示：

$$EXPY_{ik} = \sum_k \left[(x_{ik}/X_i) PRODY_k \right] \qquad (4-4)$$

4.3 数据来源与说明

选取中国、美国、德国、日本、法国、加拿大、瑞士、意大利、西班牙和奥地利十个高铁领先国家为研究对象，使用高铁关键设备及零部件的出口金额，时间跨度为 2004～2018 年，出口金额以当年价格计算，各国人均 GDP 以当年价格计算，单位均为美元。数据源于联合国统计司（署）官网、中国海关官网、国家统计局、国际货币基金组织、世界贸易数据库、世界宏观经济数据库并结合 EPS 数据平台整理获得①。九类关键设备及零部件名称与国际海关进出口产品分类标准 HS2002、HS2007、HS2012 和 HS2017 六位代码相对应②，对应的编码分别是轴、轮及零部件（860719）；空气制动器及零部件（860721），其他制动器及零部件（860729），驾驶转向架（860711），其他转向架（860712），维修或服务车（860400），交通管理设备及零部件（860800），钩、联结器、缓冲器及零部件（800730），电力机车（860110）。

4.4　实证结果与分析

4.4.1　国家层面高铁关键设备及零部件全球价值链地位分析

通过测度高铁关键设备及零部件的国家层面出口技术复杂度，反映出一个国家全球价值链地位整体水平。2004～2018 年中国高铁关键设备及零部件全

---

① 缺失数据的处理方法：关于数据缺失的原因可能有两种：一是原始数据统计的缺失；二是某类高铁关键设备及零部件当年确实未发生进出口贸易往来，没有数据。本书所使用的主要指标是进口金额（美元）、出口金额（美元）、进口总额（美元）、出口总额（美元），从万美元至千万美元、亿美元不等，数值较大。为保证面板数据的连续性，对个别缺失值用 1 美元代替，几乎不影响样本数据的真实性。

② HS2002 对应 2004～2010 年数据；HS2007 对应 2011 年数据；HS2012 对应 2012～2017 年数据；HS2017 对应 2018 年数据。

球价值链地位在十个国家中排名最末端,如表4-2所示。表4-2反映的是全球价值链地位的均值,及2004~2018年各年的国家层面高铁强国关键设备及零部件全球价值链地位数值。

表4-2 2004~2018年国家层面关键设备及零部件全球价值链地位均值及排名

年份 国家	2004	2007	2010	2013	2016	2018	均值	排名
中国	0.18	0.35	0.51	1.06	1.08	1.76	0.96	10
美国	26.28	29.18	23.83	32.55	35.17	34.25	31.30	2
德国	18.99	19.86	33.47	33.02	27.76	31.14	29.13	3
日本	2.48	9.38	12.43	9.37	16.57	10.68	12.27	6
法国	14.37	16.89	14.10	15.17	9.95	18.78	13.26	5
加拿大	17.00	22.17	6.26	8.89	5.37	8.13	11.57	8
瑞士	15.60	15.88	29.70	40.11	31.41	28.53	28.31	4
意大利	9.93	9.56	15.16	0.00	0.00	19.78	11.12	9
西班牙	7.23	8.00	0.00	16.33	10.09	15.37	11.58	7
奥地利	87.98	114.28	0.00	158.70	122.19	115.46	119.58	1

资料来源:笔者计算。

从均值来看,高铁设备及关键零部件全球价值链地位中奥地利(119.58)处于第一梯队,均值与第二名差距巨大,占据绝对领先地位。美国(31.30)、德国(29.13)、瑞士(28.31)处于第二梯队,三个国家差距较小且均值范围为25~35。法国(13.26)、日本(12.27)、西班牙(11.58)、加拿大(11.57)、意大利(11.12)全球价值链地位处于第三梯队,五个国家的差距较小且均值范围为10~15,特别是西班牙、加拿大和意大利的全球价值链地位均值相差寥寥无几。

中国高铁产业关键设备及零部件全球价值链地位处于第四梯队(0.96)。尽管中国处于第四梯队,但是中国高铁产业关键设备及零部件的全球价值链地位总体是上升的(见图4-2)。

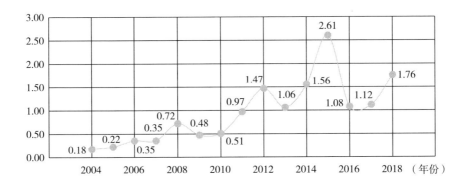

图 4 - 2　2004 ~ 2018 年在中国高铁关键设备及零部件全球价值链地位变化趋势

资料来源：笔者计算并绘制。

通常情况下，一个产业的起步阶段技术积累比较缓慢，发展阶段的技术积累相对加快，中国高铁产业的发展距今只有不足 20 年的时间，因此有必要将时间跨度进行分段研究，考察中国高铁关键设备及零部件全球价值链地位的变化，考察其他高铁强国关键设备及零部件全球价值链地位的变化趋势。

4.4.1.1　中国高铁起步阶段（2004 ~ 2011 年）

2004 ~ 2011 年，中国高铁关键设备及零部件全球价值链地位在十个国家中排名最末端，如表 4 - 3 所示。按照两者间差距范围为 10 来划分梯度，高铁设备及关键零部件全球价值链地位中奥地利（106.68）处于第一梯队，以绝对优势处于领先地位。美国（28.4）、德国（27.11）、瑞士（24.91）处于第二梯队，三个国家差距范围在 25 ~ 30。法国（14.55）、加拿大（14.33）、意大利（12.59）、日本（12.21）全球价值链地位处于第三梯队，差距范围在 10 ~ 15。西班牙（9.06）和中国（0.47）的高铁关键设备及零部件全球价值链地位处于第四梯队。

从表 4 - 3 和图 4 - 2 左半部可以看出，中国高铁起步阶段的关键设备及零部件全球价值链地位很低，均值（0.47）低于总体考察时间跨度的全球价值链均值（0.96）。高铁强国经过数十年技术积累，已经大幅度领先于中国。2012 年、2015 年和 2018 年，中国高铁关键设备及零部件全球价值链地位出现三次峰值，可能的原因是经过起步阶段的探索，中国高铁关键设备及零部件逐步实现了从引进、消化、吸收到自主创新的过程，自主创新的关键技术有所突破，并且随着中国国内高铁线路的加速开通，自主创新的高铁关键设备及零部件实现了具体的场景化应用，技术创新和改进持续进行，中国高铁关键设备及零部件在国际市场上的应用也增多，促进了全球价值链地位的提高。

表 4 - 3   2004～2011 年国家层面关键设备及零部件全球价值链地位均值及排名

年份 国家	2004	2005	2006	2007	2008	2009	2010	2011	均值	排名
中国	0.18	0.22	0.35	0.35	0.72	0.48	0.51	0.97	0.47	10
美国	26.28	34.72	34.50	29.18	22.00	18.80	23.83	37.89	28.40	2
德国	18.99	21.52	20.70	19.86	26.39	37.02	33.47	38.98	27.11	3
日本	2.48	16.55	7.76	9.38	14.26	17.86	12.43	16.95	12.21	8
法国	14.37	11.61	14.36	16.89	16.18	15.55	14.10	13.37	14.55	5
加拿大	17.00	13.61	20.44	22.17	16.93	7.70	6.26	10.51	14.33	6
瑞士	15.60	27.91	16.00	15.88	21.02	30.51	29.70	42.70	24.91	4
意大利	9.93	9.20	10.18	9.56	13.69	13.54	15.16	19.42	12.59	7
西班牙	7.23	5.99	5.72	8.00	26.21	8.33	0.00	11.01	9.06	9
奥地利	87.98	76.57	64.49	114.28	130.14	174.54	0.00	205.41	106.68	1

资料来源：笔者计算。

第二梯队国家无变化，依然被美国、德国、瑞士所占据。第三梯队国家排名发生了变化，主要是日本和西班牙的变化，2004～2011 年，日本高铁关键设备及零部件全球价值链地位处于第三梯队的末端，而西班牙的高铁关键设备及零部件全球价值链地位未进入第三梯队，处于第四梯队，各个高铁强国都在为保持或超越本国关键设备及零部件的全球价值链地位而努力。

4.4.1.2　中国高铁发展阶段（2012~2018 年）

2012~2018 年，中国高铁关键设备及零部件全球价值链地位在十个国家中排名最末端，如表 4-4 所示。高铁设备及关键零部件全球价值链地位中，奥地利（134.33）处于第一梯队，以绝对优势处于领先地位，并且这一时期奥地利高铁关键设备及零部件的全球价值链地位高于 2004~2011 年的水平，也高于 2004~2018 年的总体水平。美国（34.60）、瑞士（32.19）、德国（31.43）依然处于第二梯队，三个国家差距范围缩小在 30~35，并且瑞士的排名领先于德国，二者地位不相上下。西班牙（14.46）、日本（12.34）、法国（11.78）全球价值链地位处于第三梯队，差距范围在 10~15。意大利（9.44）、加拿大（8.41）和中国（1.52）的高铁关键设备及零部件全球价值链地位处于第四梯队。

表 4-4　2012~2018 年国家层面关键设备及零部件全球价值链地位均值及排名

年份 国家	2012	2013	2014	2015	2016	2017	2018	均值	排名
中国	1.47	1.06	1.56	2.61	1.08	1.12	1.76	1.52	10
美国	34.81	32.55	37.28	39.38	35.17	28.79	34.25	34.60	2
德国	26.15	33.02	41.05	32.15	27.76	28.74	31.14	31.43	4
日本	13.70	9.37	12.22	10.84	16.57	13.00	10.68	12.34	6
法国	0.00	15.17	12.85	8.95	9.95	16.77	18.78	11.78	7
加拿大	12.78	8.89	9.55	7.99	5.37	6.16	8.13	8.41	9
瑞士	32.92	40.11	31.79	31.82	31.41	28.75	28.53	32.19	3
意大利	11.70	0.00	0.00	16.48	0.00	18.12	19.78	9.44	8
西班牙	12.46	16.33	25.12	11.16	10.09	10.68	15.37	14.46	5
奥地利	146.21	158.70	156.88	123.33	122.19	117.54	115.46	134.33	1

资料来源：笔者计算。

从表 4 - 4 和图 4 - 2 右半部可以看出，中国高铁发展阶段的关键设备及零部件全球价值链地位提升幅度较大，均值（1.52）高于总体考察时间跨度的全球价值链均值（0.96），高于起步阶段的全球价值链地位（0.47）。2008 年和 2011 年，中国高铁关键设备及零部件全球价值链地位出现两次峰值，可能的原因是经过中国高铁发展阶段的探索，高铁经济的影响力不断增大，并且中国的高铁外交促进了中国高铁"走出去"的国际实践，中国高铁关键设备及零部件在本土、在"一带一路"沿线国家和高铁强国都有了更大的市场，促进了中国高铁关键设备及零部件全球价值链地位的提高。

第二梯队依然被美国、瑞士、德国所占据。第三梯队国家排名发生了变化，主要是日本和西班牙的变化，2012 ~ 2018 年，西班牙的高铁关键设备及零部件全球价值链地位处于第三梯队前端，日本高铁关键设备及零部件全球价值链地位处于第三梯队的中间，西班牙和日本高铁关键设备及零部件在这一时期的全球价值链地位有所上升。西班牙的高铁网络规模在全球排名第二，在很大程度上，西班牙高铁 AVE 成为西班牙的国际名片。但是 2008 年全球金融危机之后，打乱了西班牙高铁建设和规划，受债务影响，西班牙高铁线路建设延缓，2011 ~ 2018 年，西班牙高铁大部分是在原有线路基础上延伸或分叉，西班牙国内高铁整体线网未发生根本性变化，在这样的经济环境和社会环境下，促使西班牙高铁关键设备及零部件生产企业加大产品的出口，占领国际市场的同时为关键设备及零部件的技术创新提供资金支持，因此，在这一时期，西班牙高铁关键设备及零部件全球价值链地位的提高幅度较大。

4.4.1.3　建立中国人均国内生产总值的假设关系

2004 ~ 2018 年，高铁强国人均国内生产总值（GDP）及均值节选如表 4 - 5 所示。通过分析不难发现，这十个国家只有中国是发展中国家，人均 GDP 水平较发达国家有显著差异。例如，2018 年，中国人均 GDP 是 9608 美元，而所考察的发达国家人均 GDP 最低的西班牙是 30697 美元，最高的瑞士是 82950

美元。显然，中国人均 GDP 与发达国家存在数量级的差异，为排除人均 GDP 的影响，本书将中国人均 GDP 建立三种假设关系，以确保十个国家人均 GDP 均处于发达国家水平，即中国 GDP 假设成西班牙、九国均值和瑞士三种数值，对应中国—虚拟 1、中国—虚拟 2 和中国—虚拟 3，同样反映在表 4 -5 中。

表 4 -5　2004 ~ 2018 年高铁强国人均国内生产总值

单位：美元（当年价）

年份国家	2004	2007	2010	2013	2016	2017	2018
中国	1513	2703	4524	7081	8116	8677	9608
美国	41630	47869	48403	53061	57877	59895	62606
德国	34647	42531	42641	46545	42461	44771	48264
日本	37697	35342	44674	40490	38805	38344	39306
法国	35005	43060	42182	44145	38253	40046	42878
加拿大	32183	44715	47625	52726	42447	45224	46261
瑞士	53447	63960	74885	85676	80491	80643	82950
意大利	31240	37685	35658	35220	30824	32132	34260
西班牙	24981	32748	30803	29238	26682	28378	30697
奥地利	36872	46922	46959	50748	45106	47384	51509
中国—虚拟 1	24981	32748	30803	29238	26682	28378	30697
中国—虚拟 2	36411	43870	45981	48650	44772	46313	48748
中国—虚拟 2	53447	63960	74885	85676	80491	80643	82950

资料来源：通过世界宏观经济数据库、国家统计局官网查得，经笔者计算整理。

以中国人均国内生产总值假设关系为基础，再次测度中国高铁关键设备及零部件的全球价值链地位，测度结果节选如表 4 -6 所示。

表4-6 人均GDP假设关系的高铁强国关键设备及零部件全球价值链地位

单位：美元（当年价）

年份 国家	2004	2007	2010	2013	2016	2017	2018
中国	0.18	0.35	0.51	1.06	1.08	1.12	1.76
中国—虚拟1	2.90	4.27	3.47	4.38	3.54	3.66	5.61
中国—虚拟2	4.22	5.72	5.18	7.28	5.94	5.98	8.91
中国—虚拟3	6.20	8.33	8.44	12.83	10.69	10.41	15.17
美国	26.28	29.18	23.83	32.55	35.17	28.79	34.25
德国	18.99	19.86	33.47	33.02	27.76	28.74	31.14
日本	2.48	9.38	12.43	9.37	16.57	13.00	10.68
法国	14.37	16.89	14.10	15.17	9.95	16.77	18.78
加拿大	17.00	22.17	6.26	8.89	5.37	6.16	8.13
瑞士	15.60	15.88	29.70	40.11	31.41	28.75	28.53
意大利	9.93	9.56	15.16	0.00	0.00	18.12	19.78
西班牙	7.23	8.00	0.00	16.33	10.09	10.68	15.37
奥地利	87.98	114.28	0.00	158.70	122.19	117.54	115.46

资料来源：笔者计算。

测度结果并不会从根本上改变中国高铁关键设备及零部件的全球价值链地位，中国—虚拟1和中国—虚拟2的全球价值链地位值依然处于各高铁强国中最低的位置。只有中国—虚拟3在一定程度上提高了高铁关键设备及零部件全球价值链地位，但仍然与其他高铁强国存在较大差距，说明人均GDP不是决定高铁关键设备及零部件全球价值链地位的决定性因素，而出口技术复杂度是决定一个国家高铁关键设备及零部件全球价值链地位的决定性因素。因此，从国家层面来讲，中国高铁关键设备及零部件的出口技术复杂度较低。

4.4.2　行业层面高铁关键设备及零部件全球价值链地位分析

按技术属性划分的高铁关键设备及零部件全球产业链，将九类关键设备及零部件归为四个行业（见表4-7），进行高铁行业层面的出口技术复杂度测度，结果均值如表4-7所示。

表4-7　2004~2018年行业层面高铁关键设备及零部件全球价值链地位均值

行业	关键设备及零部件	中国	美国	德国	日本	法国	加拿大	瑞士	意大利	西班牙	奥地利
行业1	轴、轮及零部件	0.24	12.90	1.88	4.39	1.53	4.54	0.42	3.86	2.39	1.75
	空气制动器及零部件	0.01	0.42	3.59	0.05	0.04	0.50	0.08	0.65	1.29	10.89
	其他制动器及零部件	0.00	0.11	0.03	0.02	0.54	0.01	0.01	0.02	0.01	0.00
	驾驶转向架	0.00	0.02	0.26	0.33	0.90	0.28	1.89	0.01	0.09	7.86
	其他转向架	0.01	0.01	0.27	0.08	0.14	0.00	1.96	0.23	0.15	1.95
	钩、联结器、缓冲器及零部件	0.04	0.51	0.43	0.11	0.03	0.03	0.05	0.00	0.02	0.00
行业2	维修或服务车	0.00	1.10	0.34	0.02	0.09	0.12	10.35	0.45	0.06	45.09
行业3	交通管理设备及零部件	0.04	0.13	0.19	1.38	0.93	0.08	1.21	0.31	1.32	0.94
行业4	电力机车	0.14	0.00	3.59	0.07	0.78	0.00	2.25	0.44	0.70	0.54

资料来源：笔者计算。

从表4-7可以看出，纵向比较结果显示，中国轴、轮及零部件和电力机车的全球价值链地位居高，而其他制动器及零部件、驾驶转向架和维修或服务车的全球价值链地位最低均为0.00，图4-3能更加清楚地反映出2004~2018年中国高铁关键设备及零部件四个行业九类产品全球价值链地位，综合来看，中国的轴、轮及零部件和电力机车的全球价值链地位相对较高。横向比较结果显示，中国高铁的九类关键设备及零部件全球价值链地位不占有优势。轴、轮及零部件全球价值链地位最高的是美国（12.90）；空气制动器及零部件全球价值链地位最高的是奥地利（10.89）；其他制动器及零部件全球价值链地位最高的是法国（0.54）；驾驶转向架全球价值链地位最高的是奥地利（7.86）；其他转向架全球价值链地位最高的是瑞士（1.96）；钩、联结器、缓冲器及零部件全球价值链地位最高的是美国（0.51）；维修或服务车全球价值链地位最高的是奥地利（45.09）；交通管理设备及零部件全球价值链地位最高的是日本（1.38）；电力机车全球价值链地位最高的是德国（3.59）。可见，奥地利在空气制动器及零部件、驾驶转向架、维修或服务车方面的出口技术复杂度水平几近垄断地位。美国在轴、轮及零部件出口技术复杂度水平方面具有绝对优势。

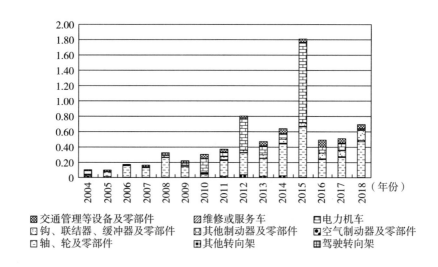

图 4 - 3   2004 ~ 2018 年中国高铁四行业九类关键设备及零部件全球价值链地位

资料来源：笔者计算并绘制。

4.4.2.1　中国高铁起步阶段（2004～2011 年）

在中国高铁产业起步阶段，九类关键设备及零部件的全球价值链地位中，只有轴、轮及零部件，交通管理设备及零部件和电力机车的全球价值链稍有优势，其他六类几乎为零。这是由于，中国铁路的发展历史较高铁发展时间长，基础关键设备及零部件已经掌握技术水平，并且制造经验较为丰富，而对于高铁这种技术复杂度高的科技产品，特别是决定高铁运营速度等方面的关键设备及零部件处于技术空白状态，如表 4-8 中中国的数据所示。

表 4-8　2004～2011 年行业层面高铁关键设备及零部件全球价值链地位均值

行业	关键设备及零部件	中国	美国	德国	日本	法国	加拿大	瑞士	意大利	西班牙	奥地利
行业 1	轴、轮及零部件	0.12	11.46	1.49	5.09	2.18	4.41	0.19	3.96	1.50	0.87
	空气制动器及零部件	0.00	0.42	3.16	0.03	0.04	0.80	0.11	0.67	1.81	11.65
	其他制动器及零部件	0.00	0.14	0.03	0.04	0.65	0.01	0.00	0.02	0.01	0.00
	驾驶转向架	0.00	0.01	0.18	0.07	0.34	0.51	0.50	0.00	0.04	3.60
	其他转向架	0.01	0.02	0.37	0.03	0.26	0.00	0.74	0.43	0.01	2.05
	钩、联结器缓冲器及零部件	0.01	0.34	0.37	0.07	0.05	0.04	0.07	0.00	0.04	0.00
行业 2	维修或服务车	0.00	1.23	0.27	0.02	0.08	0.12	14.48	0.56	0.02	47.68
行业 3	交通管理设备及零部件	0.03	0.10	0.15	2.39	1.12	0.03	1.42	0.38	1.18	0.81
行业 4	电力机车	0.04	0.00	4.70	0.14	0.59	0.00	2.62	0.83	0.05	0.50

资料来源：笔者计算。

4.4.2.2　中国高铁发展阶段（2012～2018 年）

在中国高铁发展阶段，九类关键设备及零部件的全球价值链地位中，轴、轮及零部件（0.37）和电力机车（0.26）的全球价值链地位提升较大，钩、联结器缓冲器及零部件和交通管理设备及零部件的全球价值链优势提升有小幅提升，而决定高铁运行速度和稳定性的制动器系统、转向架系统以及维修或服务车的全球价值链地位几乎没有大的提升。这是由于，关键设备及零部件的关键技术几乎全部掌握在高铁强国手中，短时间内中国很难实现关键技术赶超，如表4-8中中国的数据所示。值得关注的是，奥地利的维修或服务车的全球价值链地位处于绝对领先优势，瑞士的维修或服务车的全球价值地位次之。这可能的原因：一是地缘政治，北欧人对科技创新的狂热追求，使其长期而持续地研发同一种产品；二是高铁的维修或服务车几乎被上述高铁强国所垄断，具有高加工精度和超级强度的铣床是生产维修或服务车的特种装备，世界上没有哪个国家可以与奥地利和瑞士媲美，即便是具有先进机床生产能力的德国也望尘莫及（见表4-9）。

表4-9　2012～2018年行业层面高铁关键设备及零部件全球价值链地位均值

行业	关键设备及零部件	中国	美国	德国	日本	法国	加拿大	瑞士	意大利	西班牙	奥地利
行业1	轴、轮及零部件	0.37	14.54	2.32	3.60	0.80	4.69	0.69	3.74	3.42	2.75
	空气制动器及零部件	0.01	0.42	4.08	0.07	0.04	0.16	0.04	0.63	0.69	10.03
	其他制动器及零部件	0.00	0.08	0.02	0.00	0.42	0.01	0.01	0.02	0.00	0.00
	驾驶转向架	0.00	0.03	0.35	0.64	1.54	0.01	3.48	0.01	0.14	12.73
	其他转向架	0.01	0.01	0.15	0.15	0.01	0.00	3.35	0.00	0.30	1.83
	钩、联结器缓冲器及零部件	0.06	0.70	0.50	0.16	0.02	0.01	0.02	0.00	0.00	0.00
行业2	维修或服务车	0.01	0.96	0.42	0.02	0.10	0.11	5.64	0.33	0.10	42.13
行业3	交通管理设备及零部件	0.06	0.17	0.25	0.22	0.71	0.13	0.97	0.22	1.49	1.10
行业4	电力机车	0.26	0.00	2.32	0.00	1.00	0.00	1.82	0.00	1.45	0.58

资料来源：笔者计算。

4.5　本章小结

本章基于 2004～2018 年高铁关键设备及零部件四个行业九类产品的数据，采用 EXPY 指数测度高铁关键设备及零部件的全球价值链地位，分别以 2004～2011 年和 2012～2018 年为时间段，从国家层面和行业层面进行比较研究。研究结果表明：

（1）虽然中国高铁的世界影响力不断扩大，但是，中国高铁关键设备及零部件的全球价值链地位较低，是十个比较研究的国家中全球价值链地位最低的国家。

（2）人均国内生产总值（GDP）对全球价值链地位的影响不起决定性作用，出口技术复杂度是决定全球价值链地位的关键因素。

（3）比较而言，中国高铁产业关键设备及零部件的强项是电力机车和轴、轮及零部件。

（4）有别于传统认识，认为美国、德国、日本等高铁强国的关键设备及零部件全球价值链地位一定强的固化思维，实际上，高铁关键设备及零部件制造强国是奥地利，制动系统、转向架系统和维修或服务车的绝对优势均掌握在奥地利手中。

鉴于此，本章基于上述研究结论，提出以下四点具体政策启示：

（1）出口技术复杂度水平是高铁关键设备及零部件全球价值链地位提升的决定因素，因此，应不断加强中国高铁产业关键设备及零部件提高出口技术复杂度水平，促进其全球价值链地位的提升。

（2）在高铁产品出口份额中增加关键设备及零部件的出口，使之在多个国家进行多场景实践检验，以利于扩大国际市场占有份额。

（3）中国高铁"八纵八横"的规划目标，表明国内大循环市场将为高铁产业发展提供新契机，要以自主创新为引领，开发高铁关键设备及零部件进口替代品，为实现关键设备及零部件国产化提供机会。

（4）关注奥地利、瑞士等注重技术创新的国家，重视高铁关键核心技术的世界专利进展，了解领域前沿，不仅关注高铁强国，更要关注关键设备及零部件的创新突破技术研发。

第5章 中国高铁产业关键设备及零部件在"一带一路"沿线国家的全球价值链地位研究

本章的主要研究内容是测度中国高铁产业九类关键设备及零部件在七个"一带一路"沿线国家的全球价值链地位情况及变化趋势；分类研究九类高铁关键设备及零部件在七个国家的全球价值链地位；并回答在中国高铁起步阶段和发展阶段，九类关键设备及零部件在七个国家的全球价值链地位变化情况。

5.1 "一带一路"沿线国家的选择

5.1.1 "一带一路"沿线国家的范围

2013年9～10月，国家主席习近平先后共建"丝绸之路经济带"和"21世纪海上丝绸之路"的倡议，得到"一带一路"沿线国家的积极响应。"一带一路"沿线国家发端中国，贯穿中亚、东南亚、南亚、西亚、欧洲乃至非洲部分地域的亚欧非大陆，这些国家中一部分属于活跃的东亚经济圈，另一部分属于发达的欧洲经济圈，还有一部分国家是经济发展潜力巨大的腹地，共涵盖65个国家（见表5-1），近46亿人口，2012年末，"一带一路"沿线国家的经济总量约为21万亿美元，在全球总量中分别占64%和30%[①]。近年来，中国致力于推动与"一带一路"沿线国家间的交流沟通和务实合作，"一带一路"不仅是连接亚欧非的纽带，而且已成为连接全球的"全球网络"。

表5-1 "一带一路"沿线国家

东亚1国	蒙古
东南亚11国	印度尼西亚、马来西亚、新加坡、泰国、越南、老挝、缅甸、柬埔寨、菲律宾、文莱、东帝汶
南亚7国	印度、巴基斯坦、孟加拉国、尼泊尔、不丹、斯里兰卡、马尔代夫
中亚5国	哈萨克斯坦、乌兹别克斯坦、土库曼斯坦、塔吉克斯坦、吉尔吉斯斯坦
西亚20国	伊朗、阿富汗、伊拉克、土耳其、沙特阿拉伯、也门、阿曼、阿联酋、卡塔尔、巴林、科威特、叙利亚、约旦、黎巴嫩、以色列、巴勒斯坦、塞浦路斯、亚美尼亚、格鲁吉亚、阿塞拜疆
中东欧16国	波兰、立陶宛、阿尔巴尼亚、爱沙尼亚、拉脱维亚、捷克、斯洛伐克、匈牙利、斯洛文尼亚、克罗地亚、波斯尼亚和黑塞哥维那、黑山、塞尔维亚、罗马尼亚、保加利亚、马其顿
独联体4国	俄罗斯、白俄罗斯、乌克兰、摩尔多瓦
非洲1国	埃及

注：亚洲44国、中东欧16国、独联体4国、非洲1国，共65国。
资料来源：《推动共建丝绸之路经济带和21世纪海上丝绸之路的愿景与行动》，经笔者整理。

5.1.2 "一带一路"的基础框架——泛亚铁路

泛亚铁路是贯通欧亚大陆的货物运输铁路网，亚洲18个国家的代表于

---

① 国家发展改革委、外交部、商务部：《推动共建丝绸之路经济带和21世纪海上丝绸之路的愿景与行动》，2015年3月。

2006 年 11 月 10 日在韩国釜山正式签署《亚洲铁路网政府间协定》，筹划了近 50 年的泛亚铁路网计划最终得以落实①。四条"钢铁丝绸之路"即东线越南—柬埔寨、中线泰国—老挝、中东线老挝—越南、西线缅甸—中国。目前，纵横交错的干线和支线编织成经济合作网络，但是，铁路技术标准的统一问题是泛亚铁路建设的关键问题。丝绸之路经济带是世界跨度最大、覆盖面最广的新型经济带，"一带一路"建设将彻底改变之前的点状、块状的发展格局，将实现国家间网状连通格局。从纵向看，"一带一路"连接沿海港口大城市并向中亚、东盟延伸。从横向看，贯穿中国西部、中部和东部。在图 5 - 1 中，中泰铁路由中泰两国政府直接合作，中国参与投资，修建连接中国云南昆明市到泰国首都曼谷市总长度 867 千米、设计时速 250 千米/小时的铁路线。中老铁路北起中国玉溪市至老挝首都万象，铁路全长 508.53 千米，设计时速 160 千米/小时，全线采用中国技术标准并使用中国高铁装备。按照中国对高铁的定义标准，超过 250 千米/小时速度的铁路为高速铁路。尽管泛亚铁路各条线的设计时速目前没有全部达到 250 千米/小时，但随着铁路线路的开通、铁路技术的积累和对时间效率的需求，泛亚铁路时速全部达到 250 千米/小时的高铁速度是可以实现的。"一带一路"的网状连接，铁路建设扮演着举足轻重的中心地位，泛亚铁路所经国家主要集中在东南亚，也是与中国接壤或地缘最相近的国家，因此，研究中国高铁关键设备及零部件在"一带一路"沿线国家的全球价值链地位，首先考虑泛亚铁路所经国家。中国对泛亚铁路沿线国家出口的高铁关键设备及零部件以《亚洲铁路网政府间协定》签订后为主，在"一带一路"倡议提出后出口金额有所增加。

① 《亚洲铁路网政府间协定》，2006 年 11 月 10 日。

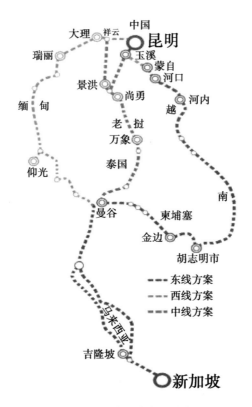

图 5 - 1 泛亚铁路东南亚走廊规划

资料来源：纵横"一带一路"沿线中国高铁全球战略。

5.1.3 确定七个"一带一路"沿线国家为研究对象

2016 年是中国高铁和轨道交通"走出去"的爆发元年。中国项目顺利推进不仅昭示着中国高铁出海的喜人态势，而且也推动"一带一路"建设和国际产能合作释放出强大动能。然而，在这种令人欣慰的形势下，我们更应冷静思考、清醒认识高铁"走出去"的挑战与风险，旨在助力高铁"走出去"走得更稳、行得更远。

中国高铁关键设备及零部件在"一带一路"沿线国家的全球价值链地位的高低，能更深层次地反映出中国高铁"走出去"的软实力，是通过中国高铁强大国际竞争力的外表而直击骨骼的国际竞争力。结合中国高铁关键设备及零部件对"一带一路"沿线国家出口数据的可得性，并结合前后章实证研究的需要，本章选取七个"一带一路"沿线国家为研究对象，即东南亚五国：印度尼西亚、马来西亚、新加坡、泰国、越南；南亚一国：印度；西亚一国：土耳其，共七个国家。研究中国对这七个典型"一带一路"沿线国家出口的九类高铁关键设备及零部件全球价值链地位。

5.2　全球价值链地位测度方法的选择

5.2.1　全球价值链地位的测度方法

本书 4.2.1 章节已经介绍了全球价值链地位的测度主要有三种方法，其中第一种方法是出口技术复杂度法。周学仁（2012）认为，出口技术复杂度体现一国出口技术水平和技术结构分布，客观反映该国出口贸易技术结构。Hausmann 等（2006）最早提出出口技术复杂度的概念和计算方法。Rodrik（2008）运用出口技术复杂度测度产品的技术含量，认为出口技术复杂度可以反映一国出口产品的产业技术结构。黄先海、杨高举（2010）、文东伟（2011，2012）和戴翔（2011）的观点一致，认为出口技术复杂度能够反映出口产品的国际竞争力，出口产品的技术复杂度越高，全球价值链地位越高，该国出口产品的技术水平越高，国际竞争力水平就越高。洪世勤、刘厚俊（2013）度量出口产品的出口技术复杂度（Technological Sophistication Index，TSI），着重考虑了小国对出口的重视程度。樊纲等（2006）认为，在经济学体系中，技术的衡量标准可以是生产率，全要素生产率用来指代国家的技术要素丰裕程度是客观的，但是，局限于全要素生产率统计数据的不可得性，这一指标可以用劳动生产率所替代，劳动生产率越高，全要素生产率越高，在忽略人口结构差异的情况下用人均 GDP 表示这一指标替代劳动生产率，并且测度细分产品的出口产品的技术复杂度。杨成玉（2017）在计算货物和服务出口技术复杂度时，其中的指标采用线性比较优势指数，并且使用人均 GDP 替代全要素生产率指标，避免了使用对数可能会对出口技术复杂度最终运算结果波动不明显并造成偏差的现象发生。

综上所述，本章借鉴上述学者的做法，也采用人均 GDP 作为全要素劳动生产率的替代指标。具体运算公式如下：

$$TSI_t^j = \sum_{i=1}^n \left[(x_{it}^j / X_{it,w}) / (w_{wt}^j / X_{wt}) \right] \times perGDP_{it} = \sum_{i=1}^n RCA_{it}^j \times perGDP_{it}$$

$$(5-1)$$

式中，TSI_t^j 表示 t 时刻高铁关键设备及零部件 j 的出口技术复杂度；RCA_{it}^j 表示 t 时刻 i 国家高铁关键设备及零部件 j 的显示比较优势指数；$perGDP_{it}$ 表示 t 时刻 i 国家的人均 GDP。

根据上述公式测算得到九类高铁关键设备及零部件的出口技术复杂度，再根据式（5-2）计算出具体某一国家出口技术复杂度（Merchandise Export Technological Sophistication Index，METSI）：

$$METSI_{it} = \sum_{j=1}^m \left[(x_{it}^j / X_{it,w}) \times TSI_t^j \right], \ i \in \Omega, \ j \in \Phi, \ t \in T \qquad (5-2)$$

其中，$METSI_{it}$ 表示 t 时刻国家的出口技术复杂度；TSI_t^j 表示 t 时刻高铁关键设备及零部件 j 的出口技术复杂度；$x_{it}^j / X_{it,w}$ 表示 t 时刻高铁关键设备及零部件 j 占国家所有高铁关键设备及零部件的出口份额。

5.2.2 中国高铁产业关键设备及零部件在"一带一路"沿线国家全球价值链地位测度方法

5.1.1 部分的内容是全球价值链地位的测度方法及选择依据，是采用出口技术复杂度的方法来测度的。这样做不但便于比较中国高铁关键设备及零部件在七个"一带一路"沿线国家的全球价值链地位的异同,以及差异性和动态变化的异同性,而且为第 7 章实证分析回归模型指标的建立打下基拙。

　　本章侧重研究中国高铁关键设备及零部件在七个"一带一路"沿线国家的全球价值链地位,依据式(5 - 1)得到的各类关键设备及零部件的出口技术复杂度。对式(5 - 2)做出细微改动,可以测算出中国对七个"一带一路"沿线国家的出口技术复杂度:

$$METSI_{chni}(t) = \sum_{j=1}^{m} \left[(x_{chni}^{j}(t)/X_{chni}(t)) \times TSI^{j}(t) \right] \tag{5 - 3}$$

　　式中,$METSI_{chni}(t)$ 表示 t 时刻中国对 i 国的出口技术复杂度,$i \in \Omega$ 且 $i \neq chn$,$\Omega \in \{CHN, \cdots, MYS, THA\}$;$TSI^{j}(t)$ 表示 t 时刻中国对 i 国高铁关键设备及零部件 j 的出口技术复杂度;$x_{chni}^{j}(t)/x_{chni}(t)$ 表示 t 时刻中国对 i 国高铁关键设备及零部件 j 的出口份额,其中,$x_{chni}^{j}(t)$ 表示 t 时刻中国对 i 国高铁关键设备及零部件 j 的出口金额;$X_{chni}(t)$ 表示 t 时刻中国对 i 国高铁关键设备及零部件的出口总额。

5.3　数据来源与说明

　　本章所使用的数据源于联合国统计司(署)官网、中国海关官网、国际货币基金组织、国家统计局、世界贸易数据库、世界宏观经济数据库、能源数据库并结合 EPS 数据平台而获得①。时间跨度为 2004 ~ 2017

---

　　① 缺失数据的处理方法:关于数据缺失的原因可能有两种:一是原始数据统计的缺失;二是某类高铁关键设备及零部件当年确实未发生进出口贸易往来,没有数据。本书所使用的主要指标是进口金额(美元)、出口金额(美元)、进口总额(美元)、出口总额(美元),从万美元至千万美元、亿美元不等,数值较大。为保证面板数据的连续性,对个别缺失值用 1 美元代替,几乎不影响样本数据的真实性。

年①。主要数据为出口金额，这一统计指标与第 4 章一致，九类高铁关键设备及零部件名称与国际海关进出口产品分类标准 HS2002、HS2007、HS2012 和 HS2017 六位代码相对应②，对应的编码分别是轴、轮及零部件（860719），空气制动器及零部件（860721），其他制动器及零部件（860729），驾驶转向架（860711），其他转向架（860712），维修或服务车（860400），交通管理设备及零部件（860800），钩、联结器、缓冲器及零部件（800730），电力机车（860110）。出口金额均以当年价格美元计算。从世界宏观经济数据库获得七个"一带一路"沿线国家 2004 ~ 2017 年人均 GDP。

5.4 实证结果与分析

中国高铁产业关键设备及零部件在不同的"一带一路"沿线国家价值链地位不同，以下内容将按照贸易国家和关键设备及零部件类别进行研究。

5.4.1 按贸易国家分析

表 5 - 2 是 2004 ~ 2017 年中国对"一带一路"沿线国家高铁关键设备及零部件全球价值链地位均值，2004 ~ 2017 年各年值如表 5 - 2 所示。在 5.2.1 中介绍的各位学者的观点认为，出口产品的技术复杂度越高，全球价值链地位越高，该国出口产品的技术水平越高，国际竞争力水平就越高。但是没有对价值

---

① 中国高铁关键设备及零部件在七个"一带一路"沿线国家 2018 年出口的数据未公布，因此，第 5 章和第 6 章的时间跨度为 2004 ~ 2017 年。

② HS2002 对应 2004 ~ 2010 年数据；HS2007 对应 2011 年数据；HS2012 对应 2012 ~ 2017 年数据；HS2017 对应 2018 年数据。

链地位做梯对或分类研究，对于组件和组内存在差值的数据按照差值大小进行
梯队划分，有助于层次鲜明地做进一步研究，王宝义（2016）的观点是将样
本数据进行梯队分组，有助于考察总量与地区业务分量的关系。综观本小节实
证数据结果，按 5000 单位差值划分相邻梯队，梯队组内差值≤5000 单位，前
一梯队第一名与后一梯队第一名的组间差值≥5000 单位。

表 5 - 2　中国高铁关键设备及零部件在"一带一路"沿线国家

全球价值链地位（2004~2017 年均值）

	梯队	国家	2004 年	2007 年	2010 年	2013 年	2016 年	2017 年	均值
中国	第一梯队	新加坡	71309	82638	31310	34324	4571	28158	52099
	第二梯队	马来西亚	2634	23927	2016	27149	31517	18869	17287
	第三梯队	泰国	8547	22063	1330	7444	18523	2249	9297
		土耳其	4224	3208	10717	7666	7020	6218	5395
	第四梯队	印度尼西亚	1539	975	3101	5843	8793	10425	3966
		越南	568	78	888	1780	1130	2998	1442
		印度	366	617	1113	1310	1348	2316	1307

资料来源：笔者计算。

　　观察均值发现，中国高铁九类关键设备及零部件整体在七个"一带一路"
沿线国家的全球价值链地位被划分成四个梯队。中国高铁关键设备及零部件在
新加坡的全球价值链地位处于第一梯队（$\overline{\text{METSI}} = 52099$）；中国高铁关键设备
及零部件在马来西亚的全球价值链地位处于第二梯队（$\overline{\text{METSI}} = 17287$）；中国
高铁关键设备及零部件在泰国的全球价值链地位（$\overline{\text{METSI}} = 9297$）和在土耳其
的全球价值链地位（$\overline{\text{METSI}} = 5395$）处于第三梯队；中国高铁关键设备及零部
件在印度尼西亚的全球价值链地位（$\overline{\text{METSI}} = 3966$）、在越南全球价值链地位
（$\overline{\text{METSI}} = 1442$）和在土耳其的全球价值链地位（$\overline{\text{METSI}} = 1307$）共同处于第
四梯队。从 2004~2017 年平均来看，中国高铁关键设备及零部件在新加坡、

马来西亚、泰国的全球价值链地位较高，中国高铁关键设备及零部件在这三个国家的国际竞争力较强。

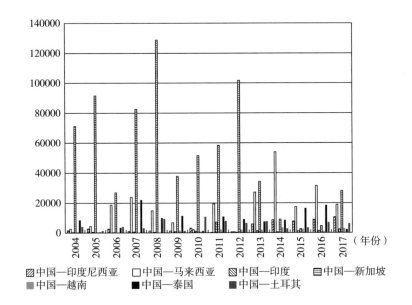

图 5 - 2　中国高铁关键设备及零部件在"一带一路"沿线国家全球价值链地位

资料来源：笔者计算并绘制。

相对于高铁强国数十年、上百年的高铁技术积累和发展经验积累的中国来说，中国高铁技术发展和产业发展只有不足 20 年的时间①。2012 年末，全国铁路营业里程达 9.8 万千米，居世界第二位，高铁运营里程 9356 千米，居世界第一位②。短短不足 20 年的时间，中国高铁取得举世瞩目的成绩，随着中国高铁技术的积累，赶超式发展一定在起步阶段较为缓慢，后期发展速度加

---

① 秦沈专线于 2003 年 10 月 11 日通车，设计速度 250 千米/小时，运营时速 210 千米/小时；2007 年 4 月 18 日第六次铁路大提速，动车组全面上线投入运营，运营时速 200 千米/小时以上。

② 高铁网，http://news.gaotie.cn/tielu/2013 - 01 - 17/58092.html。

快。因此，可将本书研究的时间跨度划分为中国高铁起步阶段（2004～2011
年）和中国高铁发展阶段（2012～2017 年），能更详细地探索中国高铁关键设
备及零部件在 "一带一路" 沿线国家全球价值链地位变化情况。

5.4.1.1　中国高铁起步阶段（2004～2011 年）

表 5－3 是 2004～2011 年中国高铁起步阶段九类关键设备及零部件整体在
"一带一路" 沿线国家的全球价值链地位。观察均值发现，中国高铁九类关键
设备及零部件整体在七个 "一带一路" 沿线国家的全球价值链地位被划分成
三个梯队。中国高铁关键设备及零部件在新加坡的全球价值链地位处于第一梯

表 5－3　2004～2011 年中国高铁九类关键设备及零部件在
"一带一路" 沿线国家的全球价值链地位

	梯队	国家	2004 年	2005 年	2006 年	2007 年	2008 年	2009 年	2010 年	2011 年	均值
中国	第一梯队	新加坡	71309	91562	26881	82638	128792	37887	51510	58361	68617
	第二梯队	马来西亚	2634	4366	18744	23927	14800	6794	2016	19387	11583
		泰国	8547	482	3497	22063	9984	11311	1330	10786	8500
	第三梯队	土耳其	4224	1334	4092	3208	9347	1290	10717	7796	5251
		印度尼西亚	1539	2726	2598	975	1277	1155	3101	208	1697
		印度	366	505	269	617	439	830	1113	7086	1403
		越南	568	624	303	78	113	1480	888	2202	782

资料来源：笔者计算。

队（$\overline{METSI} = 68617$）；中国高铁关键设备及零部件在马来西亚的全球价值链地
位（$\overline{METSI} = 11583$）和在泰国的全球价值链地位（$\overline{METSI} = 8500$）处于第二
梯队；中国高铁关键设备及零部件在土耳其的全球价值链地位（$\overline{METSI} =
5251$）、在印度尼西亚的全球价值链地位（$\overline{METSI} = 1697$）、在印度的全球价值链
地位（$\overline{METSI} = 1403$）和在越南的全球价值链地位（$\overline{METSI} = 782$）处于第三
梯队。从 2004～2011 年平均来看，中国高铁关键设备及零部件在新加坡、马

来西亚、泰国的全球价值链地位较高，在这三个国家的国际竞争力较强。

与所考察的全时间跨度 2004～2017 年的实证结果比较，全球价值链地位第一梯队仍然是新加坡没有变化，中国高铁起步阶段在新加坡的全球价值链地位均值大于全时间跨度均值，说明起步阶段，中国高铁关键设备及零部件对新加坡的国际竞争力强于全时间跨度的国际竞争力，中国高铁发展阶段关键设备及零部件的全球价值链地位均值低于起步阶段的均值；发展阶段，高铁关键设备及零部件在新加坡的国际竞争力弱于中国高铁起步阶段在新加坡的国际竞争力。全球价值链地位第二梯队是马来西亚和泰国，中国高铁起步阶段在马来西亚的全球价值链地位均值小于全时间跨度均值，说明起步阶段，中国高铁关键设备及零部件对马来西亚的国际竞争力弱于全时间跨度的国际竞争力，中国高铁发展阶段关键设备及零部件的全球价值链地位均值高于起步阶段的均值；发展阶段，高铁关键设备及零部件在马来西亚的国际竞争力强于中国高铁起步阶段在马来西亚的国际竞争力。中国高铁起步阶段在泰国的全球价值链地位均值小于全时间跨度均值，说明起步阶段，中国高铁关键设备及零部件对泰国的国际竞争力弱于全时间跨度的国际竞争力，中国高铁发展阶段关键设备及零部件的全球价值链地位均值高于起步阶段的均值；发展阶段，高铁关键设备及零部件在泰国的国际竞争力强于中国高铁起步阶段在泰国的国际竞争力。但是从全时间跨度来看，中国高铁关键设备及零部件在泰国的全球价值链地位虽然有所提高，但是与马来西亚的差距变大，全时间段跨度上下降到了第三梯队。全球价值链地位第三梯队是土耳其、印度尼西亚、印度和越南。中国高铁起步阶段在这四个"一带一路"沿线国家的全球价值链地位均值均小于全时间跨度均值，在印度尼西亚的全球价值链地位增加得最多（$\Delta \overline{\text{METSI}} = 2269$）[1]，说明起

---

[1]　中国高铁起步阶段与全时间跨度比较，中国高铁关键设备及零部件在印度尼西亚的全球价值链地位增加值 $\Delta \overline{\text{METSI}} = 3966 - 1697 = 2269$。

步阶段，中国高铁关键设备及零部件对印度尼西亚的国际竞争力弱于全时间跨
度的国际竞争力，中国高铁发展阶段关键设备及零部件的全球价值链地位均值
高于起步阶段的均值；发展阶段，高铁关键设备及零部件在印度尼西亚的国际
竞争力强于中国高铁起步阶段在印度尼西亚的国际竞争力。但是即便如此，从
全时间跨度来看，印度尼西亚处于第四梯队，比中国高铁起步阶段所处的第三
梯队下降了，可能的解释是在中国高铁发展阶段，处于前三梯队国家与第四梯
队国家的全球价值链地位差距拉大了，究竟是怎样拉大的差距，是哪几类关键
设备及零部件的全球价值链地位提升所致，5.4.2 将进行讨论。图 5-3 能够
直观地反映出中国高铁起步阶段，按贸易国家研究中国高铁关键设备及零部件
的全球价值链地位。

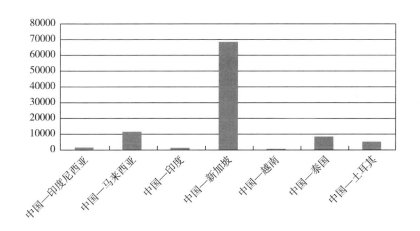

图 5-3　中国高铁起步阶段在"一带一路"沿线国家的全球价值链地位

资料来源：笔者计算并绘制。

中国高铁起步阶段，在新加坡的高铁关键设备及零部件全球价值链地位处
于绝对优势，在马来西亚和泰国的高铁关键设备及零部件全球价值链地位较
高，在其他四国全球价值链地位很低。总体原因是泛亚铁路协议于 2006 年 11

月 10 日签订，东南亚国家铁路建设扩大了对高铁关键设备及零部件的需求，推动了中国这类产品的出口金额，为中国高铁的技术进步提供资金保证，提高了出口技术复杂度水平，提高了关键设备及零部件的全球价值链地位，提高了国际竞争力。各年全球价值链地位值如图 5-4 所示。

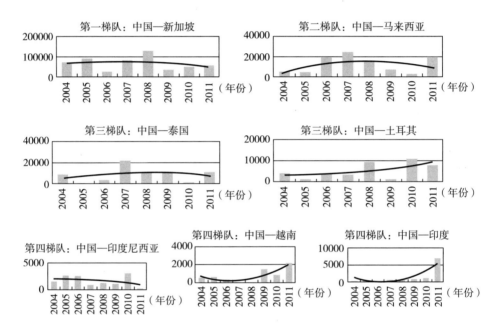

图 5-4　中国高铁起步阶段各年在"一带一路"沿线国家的全球价值链地位变化趋势

资料来源：笔者计算并绘制。

图 5-4 按照上文表中测算的全球价值链地位梯队水平进行排列并显示出趋势线。各个国家的左侧坐标数值不同，为方便观察，将各国全区价值链地位图放在一起比较，柱形长短并不代表全球价值链地位的实际高低，曲线的弯曲程度并不能代表全球价值链实际增幅，只是表示趋势，要看左侧坐标轴来比较研究。在中国高铁发展阶段，中国在新加坡各年的高铁关键设备及零部件全球价值链地位变化趋势稍有下降；中国在马来西亚各年的高铁关键设备及零部件

全球价值链地位变化趋势稍有上升；中国在泰国各年的高铁关键设备及零部件
全球价值链地位变化趋势小幅上升；中国在土耳其各年的高铁关键设备及零部
件全球价值链地位变化呈上升趋势；中国在印度尼西亚各年的高铁关键设备及
零部件全球价值链地位变化呈下降趋势；中国在越南各年的高铁关键设备及零
部件全球价值链地位变化呈快速上升趋势；中国在印度各年的高铁关键设备及
零部件全球价值链地位变化呈上升趋势。

5.4.1.2　中国高铁发展阶段（2012～2017 年）

表 5－4 是 2012～2017 年中国高铁发展阶段九类关键设备及零部件整体在
"一带一路"沿线国家的全球价值链地位。观察均值发现，中国高铁九类关键
设备及零部件整体在七个"一带一路"沿线国家的全球价值链地位被划分成
四个梯队。中国高铁关键设备及零部件在新加坡的全球价值链地位处于第一梯
队（$\overline{\text{METSI}}$ = 30074）；中国高铁关键设备及零部件在马来西亚的全球价值链地

表 5－4　2012～2017 年中国高铁九类关键设备及零部件在

"一带一路"沿线国家的全球价值链地位

	梯队	国家	2012 年	2013 年	2014 年	2015 年	2016 年	2017 年	均值
中国	第一梯队	新加坡	101769	34324	8955	2669	4571	28158	30074
	第二梯队	马来西亚	597	27149	53964	17250	31517	18869	24891
	第三梯队	泰国	9058	7444	8511	16376	18523	2249	10360
		印度尼西亚	601	5843	8642	7641	8793	10425	6991
		土耳其	6514	7666	2686	3411	7020	6218	5586
	第四梯队	越南	2036	1780	3423	2573	1130	2998	2323
		印度	345	1310	540	1214	1348	2316	1179

资料来源：笔者计算。

位（$\overline{\text{METSI}}$ = 24891）处于第二梯队；中国高铁关键设备及零部件在泰国的全
球价值链地位（$\overline{\text{METSI}}$ = 10360）、在印度尼西亚的全球价值链地位（$\overline{\text{METSI}}$ =

6991）和在土耳其的全球价值链地位（$\overline{METSI}=5586$）处于第三梯队；中国高铁关键设备及零部件在越南的全球价值链地位（$\overline{METSI}=2323$）和在印度的全球价值链地位（$\overline{METSI}=1179$）处于第四梯队。从 2012～2017 年平均来看，中国高铁关键设备及零部件在新加坡、马来西亚、泰国的全球价值链地位较高，中国高铁关键设备及零部件在这三个国家的国际竞争力依然较强。

与所考察的全时间跨度 2004～2017 年的实证结果比较，全球价值链地位第一梯队仍然是新加坡没有变化，中国高铁发展阶段在新加坡的全球价值链地位均值小于全时间跨度均值，证明了发展阶段中国高铁关键设备及零部件对新加坡的国际竞争力弱于全时间跨度的国际竞争力，中国高铁发展阶段关键设备及零部件的全球价值链地位均值低于起步阶段的均值，中国高铁发展阶段高铁关键设备及零部件在新加坡的国际竞争力弱于中国高铁起步阶段在新加坡的国际竞争力。全球价值链地位第二梯队是马来西亚，中国高铁发展阶段在马来西亚的全球价值链地位均值大于全时间跨度均值，证明了发展阶段中国高铁关键设备及零部件对马来西亚的国际竞争力强于全时间跨度的国际竞争力，中国高铁发展阶段关键设备及零部件的全球价值链地位均值高于起步阶段的均值，中国高铁发展阶段关键设备及零部件在马来西亚的国际竞争力强于中国高铁起步阶段在马来西亚的国际竞争力。全球价值链地位第三梯队是泰国、印度尼西亚和土耳其，中国高铁发展阶段在泰国的全球价值链地位均值大于全时间跨度均值，证明了发展阶段中国高铁关键设备及零部件对泰国的国际竞争力强于全时间跨度的国际竞争力，中国高铁发展阶段关键设备及零部件的全球价值链地位均值高于起步阶段的均值。中国高铁发展阶段在印度尼西亚的全球价值链地位均值大于全时间跨度均值，证明了发展阶段中国高铁关键设备及零部件对印度尼西亚的国际竞争力强于全时间跨度的国际竞争力，中国高铁发展阶段关键设备及零部件的全球价值链地位均值高于起步阶段的均值。中国高铁发展阶段在土耳其的全球价值链地位均值略大于全时间跨度均值，证明了发展阶段中国高

铁关键设备及零部件对土耳其的国际竞争力强于全时间跨度的国际竞争力,中
国高铁发展阶段关键设备及零部件的全球价值链地位均值略高于起步阶段的均
值。全球价值链地位第四梯队是越南和印度。中国高铁发展阶段在越南的全球
价值链地位均值略大于全时间跨度均值,证明了发展阶段中国高铁关键设备及
零部件对越南的国际竞争力强于全时间跨度的国际竞争力,中国高铁发展阶段
关键设备及零部件的全球价值链地位均值略高于起步阶段的均值。中国高铁发
展阶段在印度的全球价值链地位均值略小于全时间跨度均值,证明了发展阶段
中国高铁关键设备及零部件对印度的国际竞争力弱于全时间跨度的国际竞争
力,中国高铁发展阶段关键设备及零部件的全球价值链地位均值略低于起步阶
段的均值。图5-5能够直观地反映出上述研究内容。

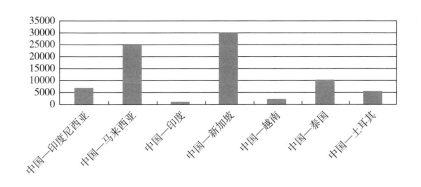

图5-5 中国高铁发展阶段在"一带一路"沿线国家的全球价值链地位

资料来源:笔者计算并绘制。

中国高铁发展阶段,在新加坡的高铁关键设备及零部件全球价值链地位处
于绝对优势,在马来西亚和泰国的高铁关键设备及零部件全球价值链地位较
高,在其他四国全球价值链地位较低。总体原因是泛亚铁路建设所需的高铁关
键设备及零部件需求量基本已定并且没有建成开通,中国高铁发展阶段的关键

设备及零部件出口主要对象国是"一带一路"倡议所涉及的沿线国家，因此在这一阶段，对新加坡的全球价值链地位影响较小。各年全球价值链地位值如图5-6所示。

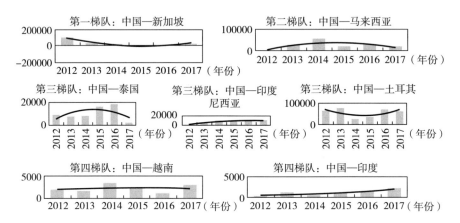

图5-6　中国高铁发展阶段各年在"一带一路"沿线国家的全球价值链地位趋势

资料来源：笔者计算并绘制。

图5-6按照上文表中测算的全球价值链地位梯度水平进行排列并显示出趋势线。各个国家的左侧坐标数值不同，为方便观察将各国全区价值链地位图放在一起比较，柱形长短并不代表实际全球价值链地位高低，曲线的弯曲程度并不能代表全球价值链实际增幅，只是表示趋势，要看左侧坐标轴来比较研究。在中国高铁发展阶段，中国在新加坡各年的高铁关键设备及零部件全球价值链地位变化趋势有所下降；中国在马来西亚各年的高铁关键设备及零部件全球价值链地位变化明显上升；中国在泰国各年的高铁关键设备及零部件全球价值链地位变化趋势略有上升；中国在印度尼西亚各年的高铁关键设备及零部件全球价值链地位变化呈上升趋势；中国在土耳其各年的高铁关键设备及零部件全球价值链地位变化几乎无变化；中国在越南各年的高铁关键设备及零部件全球价值链地位变化呈快速小幅趋势；中国在印度各年的高铁关键设备及零部件

全球价值链地位变化呈上升趋势。

5.4.2　按高铁产业关键设备及零部件类别分析

在按出口贸易国家分析了中国高铁产业关键设备及零部件在"一带一路"沿线国家的全球价值链地位之后，已经明确了在中国高铁起步阶段和发展阶段的关键设备及零部件全球价值链地位的变化趋势。但是，对于 2004～2017 年九类高铁关键设备及零部件的大面板数据，还没有考察中国高铁每类关键设备及零部件在"一带一路"沿线国家的全球价值链地位变化情况，以下部分将研究此问题。

5.4.2.1　轴、轮及零部件

中国高铁轴、轮及零部件在"一带一路"沿线国家的全球价值链地位，见图 5－7。

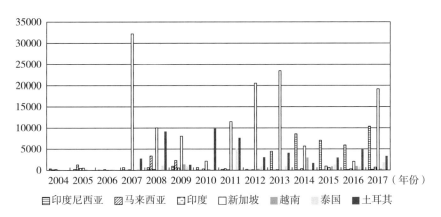

图 5－7　中国高铁轴、轮及零部件在"一带一路"沿线国家的全球价值链地位

资料来源：笔者计算并绘制。

中国高铁轴、轮及零部件在七个"一带一路"沿线国家的全球价值链地位表现得很明显，这一关键设备及零部件在"一带一路"沿线国家具有较强的国际竞争力。主要体现在对新加坡的这类关键设备及零部件的全球价值链地

位高的优势，2007～2013 年，新加坡对中国高铁的轴、轮及零部件的需求呈波动式变化趋势，并且需求很大，全球价值链地位与其他国家差值最明显。中国高铁的轴、轮及零部件不仅在新加坡的全球价值链地位突出，在土耳其的全球价值链地位也较高，2008 年、2010 年和 2011 年其全球价值链地位快速增加，2012 年之后有所下降，但趋势呈较为平缓的波动。中国高铁发展阶段，轴、轮及零部件在印度尼西亚的全球价值链地位明显高于起步阶段。中国高铁的轴、轮及零部件全球价值链地位在马来西亚只有 2005 年、2008 年和 2009 年有较为突出的体现，其余年份很低，即便是中国高铁发展阶段高铁关键设备和零部件整体全球价值链地位在马来西亚大幅度提升，但是轴、轮及零部件这一类在马来西亚并不具有国际竞争力。中国高铁的轴、轮及零部件全球价值链地位在印度、越南相对很低，在这两个国家的竞争力也很低。这一类关键设备及零部件全球价值链地位只有 2011 年达到峰值，2013～2017 年全球价值链地位小幅波动，即便是雅万高铁的建设期，其对中国轴、轮及零部件的进口需求也并不高，全球价值链地位相对很低，国际竞争力较弱。

5.4.2.2　空气制动器及零部件

中国高铁空气制动器及零部件在"一带一路"沿线国家的全球价值链地位，如图 5～8 所示。

中国高铁空气制动器及零部件在土耳其、泰国、新加坡这三个"一带一路"沿线国家的全球价值链地位表现得很明显，具有较强的国际竞争力，但是这种国际竞争力不连续。中国高铁空气制动器及零部件在土耳其的全球价值链地位高的优势体现在 2004 年（METSI = 2526）和 2006 年（METSI = 1231），其余年份最高的只有 2010 年（METSI = 203）。在泰国的全球价值链地位次高，2009 年、2010 年、2012 年、2015 年和 2016 年其全球价值链地位有所体现，2012 年出现全球价值链地位峰值（METSI = 838），得益于中泰高铁的建设，2015 年和 2016 年对中国高铁空气制动器及零部件有持续需求。中国高铁的

轴、轮及零部件全球价值链地位在新加坡的突出体现也是间断式的，只有
2010 年、2013 年、2014 年和 2016 年较高，2017 年出现全球价值链地位峰值
（METSI = 1037），其余年份的全球价值链地位均低于 2016 年（METSI = 120）。
中国高铁空气制动器及零部件在越南、马来西亚、印度和印度尼西亚的全球价
值链地位微乎其微。

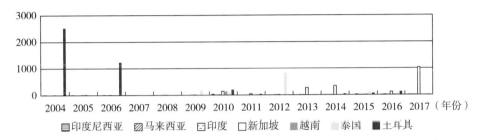

图 5 - 8　中国高铁空气制动器及零部件在"一带一路"沿线国家的全球价值链地位

资料来源：笔者计算并绘制。

5.4.2.3　其他制动器及零部件

中国高铁其他制动器及零部件在"一带一路"沿线国家的全球价值链地
位，如图 5 - 9 所示。

中国高铁其他制动器及零部件在印度尼西亚、土耳其、越南这三个"一
带一路"沿线国家的全球价值链地位较高，且呈间断式波动，这一关键设备
及零部件在"一带一路"沿线国家具有较强的国际竞争力。中国高铁其他制
动器及零部件在印度尼西亚的全球价值链地位最高的优势体现在 2004 年
（METSI = 1123）、2005 年（METSI = 2488）、2006 年（METSI = 1235）、2010 年
（METSI = 1300）和 2016 年（METSI = 2864），其中 2016 年全球价值链地位出
现峰值，其余年份最高的只有 2008 年（METSI = 158）。中国高铁其他制动器及
零部件在土耳其的全球价值链地位次高，2012 年（METSI = 3391）和 2017 年
（METSI = 1102）全球价值链地位突出，其中 2012 年达到峰值，趋势波动较

大。中国高铁其他制动器及零部件在越南的全球价值链地位在中国高铁发展阶段较高，2012 年（METSI = 1370）、2017 年（METSI = 339），其余年份的全球价值链地位尽管数值很低但基本连续存在。印度尼西亚对中国其他制动器及零部件的需求较为连续，这种关键设备及零部件在普通铁路和高速铁路中都是必不可少的，技术积累是技术进步的客观要求，连续的市场应用能够获得一手实验数据，有利于在中国这一关联设备及零部件提高技术水平，提高全球价值链地位，提高国际竞争力。

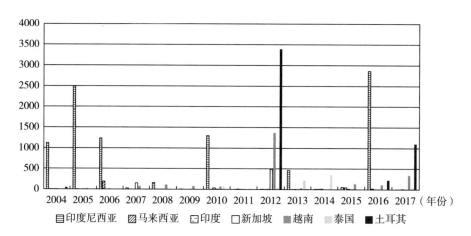

图 5 - 9　中国其他制动器及零部件在"一带一路"沿线国家的全球价值链地位

资料来源：笔者计算并绘制。

5.4.2.4　驾驶转向架

中国高铁驾驶转向架在"一带一路"沿线国家的全球价值链地位，如图 5 - 10 所示。

中国高铁驾驶转向架只在马来西亚这个"一带一路"沿线国家具有全球价值链地位优势，并且只在 2006 年和 2015 年具有全球价值链地位，其他年份在数值上没有体现。2006 年（METSI = 8749）和 2015 年（METSI = 1077）较高，其余年份最高的只有 2010 年（METSI = 203）。驾驶转向架应用在轨

道交通装备诸多领域,如轻轨、地铁、城际动车组、高铁等领域。中国出口
到马来西亚的驾驶转向架主要应用于城际动车组建设,这主要是中车株洲电
力机车有限公司的产品,转向架固定轴距 2300 毫米,最高试验速度 160 千米/
小时①。

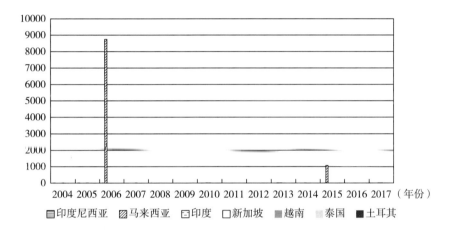

图 5 - 10 中国高铁驾驶转向架在"一带一路"沿线国家的全球价值链地位

资料来源:笔者计算并绘制。

5.4.2.5 其他转向架

中国高铁其他转向架在"一带一路"沿线国家的全球价值链地位,如图
5 - 11 所示。

中国高铁其他转向架在越南、土耳其、印度这三个"一带一路"沿线国
家的全球价值链地位较高,且呈间断式波动,这一关键设备及零部件在"一
带一路"沿线国家具有较强的国际竞争力。中国高铁其他转向架在越南的全
球价值链地位最高,体现在 2004 年(METSI = 239)、2005 年(METSI = 208)、

---

① 中车株洲电力机车有限公司拥有全球首个转向架"智能制造工厂",这是近年来中车集团自主
创新与科研积累的重大成果,http://nczj.zhiye.com/aboutus。

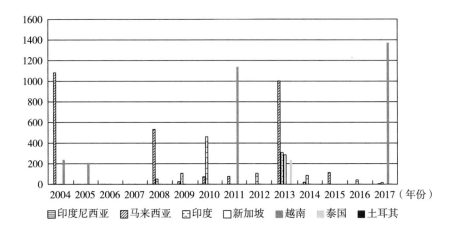

图 5-11 中国高铁其他转向架在"一带一路"沿线国家的全球价值链地位

资料来源：笔者计算并绘制。

2011 年（METSI = 1138）和 2017 年（METSI = 1372），其中 2011 年全球价值链地位出现峰值。中国高铁其他转向架在土耳其的全球价值链地位也较高，2004 年（METSI = 1083）、2008 年（METSI = 533）和 2013 年（METSI = 1003）全球价值链地位突出，其中 2013 年达到峰值，呈波动趋势。中国高铁其他转向架在印度的全球价值链地位低于上述两个国家但是高于其他国家，2010 年（METSI = 462）和 2013 年（METSI = 309）较高，其余年份的全球价值链地位均为超过 2012 年（METSI = 107）。越南对中国高铁其他转向架的需求不连续，这种关键设备及零部件在普通铁路和高速铁路中也是必不可少的，越南在中国高铁起步阶段的出口需求是应用在国内普通铁路或轨道交通装备上，而 2017 年的需求增多，主要原因是泛亚铁路中线中老铁路的建设需要。因此，中国高铁其他转向架在越南的全球价值链地位呈现间断较高。

5.4.2.6　钩、联结器、缓冲器及零部件

中国高铁钩、联结器、缓冲器及零部件在"一带一路"沿线国家的全球价值链地位，如图 5-12 所示。

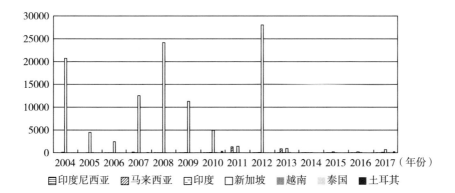

图 5-12　中国高铁钩、联结器、缓冲器及零部件在
"一带一路" 沿线国家的全球价值链地位

资料来源：笔者计算并绘制。

中国高铁钩、联结器、缓冲器及零部件只在新加坡这个 "一带一路" 沿线国家具有全球价值链地位优势，并且集中于中国高铁起步阶段，如 2004 年（METSI = 20737）、2007 年（METSI = 12532）、2008 年（METSI = 24174）。中国高铁发展阶段初期具有全球价值链地位优势，即 2012 年（METSI = 28042），而其他年份的全球价值链地位很低，如 2013 年（METSI = 999）和 2017 年（METSI = 752）。钩、联结器、缓冲器及零部件应用在轨道交通装备诸多领域，如轻轨、地铁、城际动车组、高铁等领域。中国高铁起步阶段对新加坡出口的钩、联结器、缓冲器及零部件主要应用在新加坡地铁建设上。

5.4.2.7　维修或服务车

中国高铁维修或服务车在 "一带一路" 沿线国家的全球价值链地位，如图 5-13 所示。

中国高铁维修或服务车在马来西亚、土耳其这两个 "一带一路" 沿线国家的全球价值链地位较高，这一关键设备及零部件在 "一带一路" 沿线国家具有较强的国际竞争力。中国高铁维修或服务车在马来西亚的全球价值链地位

最高，体现在 2005 年（METSI = 1796）、2006 年（METSI = 8556）、2007 年
（METSI = 11359）和 2017 年（METSI = 5421），其中 2007 年全球价值链地位
出现峰值。中国高铁维修或服务车在土耳其的全球价值链地位较高，如 2013 年
（METSI = 2186）。在新加坡（2015 年 METSI = 1486）和泰国（2015 年 METSI =
1521）的全球价值链地位低于上述两个国家但是高于其他国家。中国高铁维修
或服务车在雅万高铁建设中将得到应用。

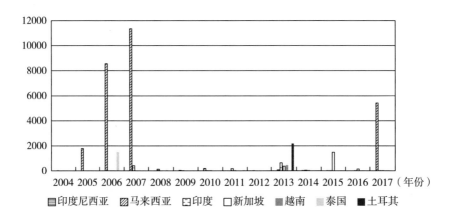

图 5 – 13　中国高铁维修或服务车在"一带一路"沿线国家的全球价值链地位

资料来源：笔者计算并绘制。

5.4.2.8　交通管理设备及零部件

中国高铁交通管理设备及零部件在"一带一路"沿线国家的全球价值链
地位，如图 5 – 14 所示。

中国高铁交通管理设备及零部件在新加坡、马来西亚、泰国这三个"一
带一路"沿线国家的全球价值链地位较高，且呈较为连续的波动变化，这一
关键设备及零部件在"一带一路"沿线国家具有较强的国际竞争力。中国
高铁交通管理设备及零部件在新加坡的全球价值链地位最高，体现在 2004 年

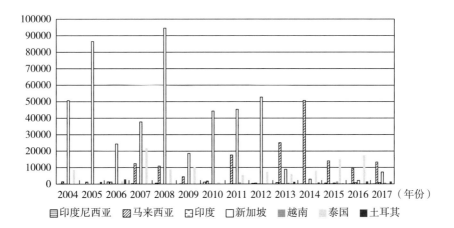

图 5-14　中国高铁交通管理设备及零部件在 "一带一路" 沿线

国家的全球价值链地位

资料来源：笔者计算并绘制。

（METSI = 50572）、2005 年（METSI = 86504）、2008 年（METSI = 94561）、
2010 年（METSI = 44295）、2011 年（METSI = 45354）和 2012 年（METSI =
52690），其中 2008 年全球价值链地位出现峰值，在中国高铁发展阶段的国际
竞争力水平较为平稳。中国高铁交通管理设备及零部件在马来西亚的全球价值
链地位也较高，在中国高铁发展的两个时期出现连续波动，并且在中国高铁发
展阶段全球价值链地位连续波动，如 2007 年（METSI = 12377）、2011 年（MET-
SI = 17581）、2013 年（METSI = 25125）、2014 年（METSI = 50672）、2015 年
（METSI = 13981）、2016 年（METSI = 9391）、2017 年（METSI = 13258）。中国
高铁交通管理设备及零部件在泰国的全球价值链地位也较高，在中国高铁发展
的两个时期出现连续波动，并且在中国高铁发展阶段全球价值链地位小幅波动
式上升，如 2004 年（METSI = 8544）、2007 年（METSI = 21722）、2011 年
（METSI = 5554）、2013 年（METSI = 6072）、2014 年（METSI = 8114）、2015
年（METSI = 14918）、2016 年（METSI = 17574）。这一关键设备及零部件在其

他国家的全球价值链地位较低。中国高铁交通管理设备及零部件在"一带一路"沿线国家的全球价值链地位较高并且波动较为连续,国际竞争力较强。

5.4.2.9 电力机车

中国高铁电力机车在"一带一路"沿线国家的全球价值链地位,如图 5 - 15 所示。

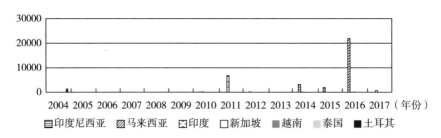

图 5 - 15 中国高铁电力机车在"一带一路"沿线国家的全球价值链地位

资料来源:笔者计算并绘制。

中国高铁电力机车在马来西亚、印度、土耳其这三个"一带一路"沿线国家具有全球价值链地位优势,中国高铁发展阶段,电力机车在马来西亚的全球价值链地位较高,如 2014 年 (METSI = 3146)、2015 年 (METSI = 1908) 和 2016 年 (METSI = 21951),在 2016 年出现峰值,这与新隆高铁建设对电力机车的需求直接相关。中国高铁电力机车在印度的全球价值链地位出现一次峰值,即 2011 年 (METSI = 6764),在土耳其的全球价值链地位凸显,即 2014 年 (METSI = 1476)。中国高铁起步阶段,电力机车出口到土耳其和印度主要用于普速铁路,以中车株洲电力机车研究所为代表的科研机构,对电力机车的研制经过 40 余年的时间,在电力机车自主研发道路上取得成果,可供世界 30 余个城市对电力机车的需求,在中国高铁发展阶段有机会被应用到新隆高铁,这是中国电力机车全球价值链地位的提升,是电力机车国际竞争力水平的提高。

5.5　本章小结

本章基于 2004～2017 年高铁关键设备及零部件九类产品的出口数据，采用出口技术复杂度（METSI）方法测度中国高铁九类关键设备及零部件整体在七个"一带一路"沿线国家的全球价值链地位，测度中国高铁每类关键设备及零部件在"一带一路"沿线国家的全球价值链地位。并且将时间段划分成中国高铁起步阶段和中国高铁发展阶段进行研究。研究结果表明：

（1）从"一带一路"沿线国家中选取的有代表性的七个国家分析来看，中国高铁产业关键设备及零部件在新加坡的全球价值链地位最高，处于第一梯队；在马来西亚的全球价值链地位处于第二梯队；在泰国和土耳其的全球价值链地位处于第三梯队；在印度尼西亚、越南和印度的全球价值链地位处于第四梯队。中国高铁产业关键设备及零部件在"一带一路"沿线国家中的新加坡、马来西亚和泰国的国际竞争力较强。

（2）中国高铁起步阶段和发展阶段以及所考察的全时间段全球价值链地位前三名的国家都相同，都是新加坡、马来西亚和泰国。

（3）按关键设备及零部件九个类别来看，中国高铁关键设备及零部件的轴、轮及零部件，钩、联结器、缓冲器及零部件，交通管理设备及零部件以及电力机车的全球价值量地位较高，国际竞争力强。而空气制动器及零部件、其他制动器及零部件、维修或服务车、驾驶转向架、其他转向架在"一带一路"沿线国家的全球价值链地位较低，国际竞争力较弱。

（4）中国高铁产业九类关键设备及零部件中有三类在新加坡具有国际竞争优势，主要是轴、轮及零部件，钩、联结器、缓冲器及零部件，交通管理设备及零部件。

（5）中国高铁产业九类关键设备及零部件中有六类在马来西亚具有国际竞争优势，主要是轴、轮及零部件，驾驶转向架，其他转向架，维修或服务车，交通管理设备及零部件，电力机车。

（6）中国高铁产业九类关键设备及零部件中有六类在泰国具有国际竞争优势，主要是轴、轮及零部件，空气制动器及零部件，其他制动器及零部件，其他转向架，交通管理设备及零部件，电力机车。

（7）中国高铁起步阶段对"一带一路"沿线国家出口的关键设备及零部件部分被用在普速铁路或其他轨道交通设备中，高铁关键设备及零部件与其他轨道交通设备及零部件通常具有共性技术特征。

（8）与高铁强国比较，中国高铁驾驶转向架、空气制动器及零部件、维修或服务车的全球价值链地位较低，国际竞争力较弱，在这种客观事实面前，还能出口，并体现全球价值链地位，说明经过时间的推移和技术的积累，中国高铁关键设备及零部件国际竞争力差的产品，技术能够得到提升。

鉴于此，上述研究结论可以得出以下四点重要政策启示：

（1）积极参与"一带一路"沿线国家高铁建设。中国参与"一带一路"沿线国家高铁建设，有利于扩大世界影响力，推进中国高铁关键设备及零部件的国产化进程。

（2）增强对"一带一路"沿线国家关键设备及零部件的售后服务质量。在保证高铁关键设备及零部件出口技术复杂度的前提下，积极开展包括维修服务、产品升级换代服务等在内的各项服务，特别提出应尝试性地应用中国的新科技，例如，3D打印技术等科技方法，超越空间距离的阻碍，提高中国的售后质量和服务速度。

（3）同样重视其他"一带一路"沿线国家高铁或普速铁路的建设需求。在"一带一路"沿线国家，推广中国高铁装备的应用，为中国高铁关键设备及零部件更好地开拓国际外循环市场打下良好基础。

（4）与 "一带一路" 沿线国家建立研发平台。中国高铁产业应该继续积极推进在新加坡基隆、玻璃市、槟城、霹雳州等地所采用的 "Y＋1"① 战略，建立更加多元、多个类型的研发、检测与实验平台，提高中国高铁产业关键设备及零部件的研发与应用进程，提高产品的市场信誉和国际竞争力。

---

① 中车集团 "Y＋1" 技术战略中，Y 表示公司本部、1 表示异地子公司。

第6章 中国高铁产业关键设备及零部件在高铁强国的全球价值链地位研究

本章的主要研究内容是测度中国高铁产业九类关键设备及零部件在全球九个高铁强国中的出口技术复杂度，分别在起步阶段和发展阶段，论证和判断中国高铁产业九类关键设备及零部件在九个国家的全球价值链地位变化情况。本章试图对上述研究内容进行实证分析，得出以下结论，并提出对策建议。

6.1 高铁强国的选择

为与第 3 章和第 4 章的研究对象一致，本章选取美国、德国、日本、法国、加拿大、瑞士、意大利、西班牙、奥地利这九个高铁强国为研究对象。

6.2　全球价值链测度方法的选择

6.2.1　全球价值链地位的测度方法

同第 5 章的研究方法，借鉴樊纲等（2006）、杨成玉（2017）的研究方法，采用人均 GDP 作为全要素劳动生产率的替代指标。具体运算公式如下：

$$TSI_t^j = \sum_{i=1}^{n} \left[(x_{it}^j / X_{it,w}) / (x_{wt}^j / X_{wt}) \right] \times per\,GDP_{it}$$

$$= \sum_{i=1}^{n} RCA_{it}^j \times per\,GDP_{it} \tag{6-1}$$

TSI_t^j 表示 t 时刻高铁关键设备及零部件 j 的出口技术复杂度；RCA_{it}^j 表示 t 时刻 i 国家高铁关键设备及零部件 j 的显示性比较优势指数；$per\,GDP_{it}$ 表示 t 时刻国家的人均 GDP。

依据以上公式，得到九类高铁关键设备及零部件的出口技术复杂度，再根据式（6-2）计算出具体某一国家出口技术复杂度（Merchandise Export Technological Sophistication Index，METSI）：

$$METSI_{it} = \sum_{j=1}^{m} \left[(x_{it}^j / X_{it,w}) \times TSI_t^j \right], i \in \Omega, j \in \Phi, t \in T \tag{6-2}$$

其中，$METSI_{it}$ 表示 t 时刻国家的出口技术复杂度；TSI_t^j 表示 t 时刻高铁关键设备及零部件 j 的出口技术复杂度；$x_{it}^j / X_{it,w}$ 表示 t 时刻高铁关键设备及零部件 j 占国家所有高铁关键设备及零部件的出口份额。

6.2.2　中国高铁产业关键设备及零部件在高铁强国的全球价值链地位测度方法

6.1.1 部分的内容是全球价值链地位的测度方法及选择依据，是采用出口技术复杂度的方法来测度的。这样做不但便于比较中国高铁关键设备及零部件在高铁强国九个国家的全球价值链地位的异同，以及差异性和动态变化的异同性，而且为第 7 章实证分析回归模型指标的建立打下基础。

本章侧重研究中国高铁关键设备及零部件在高铁强国九个国家的全球价值链地位，依据式（6-1）得到的各类关键设备及零部件的出口技术复杂度。对式（6-2）做出细微改动，可以测算出中国对高铁强国九个国家的出口技术复杂度：

$$METSI_{chni}(t) = \sum_{j=1}^{m} \left[(x^{j}_{chni}(t) / X_{chni}(t)) \times TSI^{j}(t) \right] \qquad (6-3)$$

其中，$METSI_{chni}(t)$ 表示 t 时刻中国对 i 国的出口技术复杂度，$i \in \Omega$ 且 $i \neq chn$，$\Omega \in \{CHN, \cdots, USA, AUT\}$；$TSI^{j}(t)$ 表示 t 时刻中国对 i 国高铁关键设备及零部件 j 的出口技术复杂度；$x^{j}_{chni}(t)/X_{chni}(t)$ 表示 t 时刻中国对 i 国高铁关键设备及零部件 j 的出口份额，$x^{j}_{chni}(t)$ 表示 t 时刻中国对 i 国高铁关键设备及零部件 j 的出口金额；$X_{chni}(t)$ 表示 t 时刻中国对 i 国高铁关键设备及零部件的出口总额。

6.3　数据来源与说明

本章所使用的数据来源于联合国统计司（署）官网、中国海关官网、国际货币基金组织、国家统计局、世界贸易数据库、世界宏观经济数据库、能源数据库并结合 EPS 数据平台而获得①。时间跨度为 2004～2017 年②。主要数据为出口金额，这一统计指标与第 4 章相一致，九类高铁关键设备及零部件名称与国际海关进出口产品分类标准 HS2002、HS2007、HS2012 和 HS2017 六位代码相对应③，对应的编码分别是轴、轮及零部件（860719），空气制动器及零部件（860721），其他制动器及零部件（860729），驾驶转向架（860711），其他转向架（860712），维修或服务车（860400），交通管理设备及零部件（860800），钩、联结器、缓冲器及零部件（800730），电力机车（860110）。出口金额均以当年价格美元计算。

6.4　实证结果与分析

中国高铁产业关键设备及零部件在不同的高铁强国全球价值链地位不同，以下内容将按照贸易国家和关键设备及零部件类别进行研究。

6.4.1　按贸易国家分析

表 6 - 1 是 2004～2017 年中国在高铁强国关键设备及零部件全球价值链的

---

① 缺失数据的处理方法：关于数据缺失的原因可能有两种：一是原始数据统计的缺失；二是某类高铁关键设备及零部件当年确实未发生进出口贸易往来，没有数据。本书所使用的主要指标是进口金额（美元）、出口金额（美元）、进口总额（美元）、出口总额（美元），从万美元至千万美元、亿美元不等，数值较大。为保证面板数据的连续性，对个别缺失值用 1 美元代替，几乎不影响样本数据的真实性。

② 中国高铁关键设备及零部件在七个"一带一路"沿线国家 2018 年出口的数据未公布，因此，第 5 章和第 6 章的时间跨度为 2004～2017 年。

③ HS2002 对应 2004～2010 年数据；HS2007 对应 2011 年数据；HS2012 对应 2012～2017 年数据；HS2017 对应 2018 年数据。

地位均值。在 6.2.1 中介绍的各位学者的观点认为，出口产品的技术复杂度越高，全球价值链地位越高，该国出口产品的技术水平越高，国际竞争力水平就越高。但是没有对价值链地位做梯队或分类研究，对于组件和组内存在差值的数据按照差值大小进行梯队划分，有助于层次鲜明地做进一步研究。王宝义（2016）的观点是将样本数据进行梯队分组，有助于考察总量与地区业务分量的关系。5.4.1 中根据实证数据数值范围设置梯队差值 5000 单位进行梯队划分，综观本小节实证数据结果数据值较大，设置第一梯队的全球价值链地位均值为 $\overline{METSI}^{①} > 100000$；第二梯队为 $50000 < \overline{METSI} \leqslant 100000$；第三梯队为 $30000 < \overline{METSI} \leqslant 50000$；第四梯队为 $0 < \overline{METSI} \leqslant 30000$。

表 6 - 1　中国高铁关键设备及零部件在高铁强国全球价值链地位（2004～2017 年均值）

	梯队	国家	2004 年	2007 年	2010 年	2013 年	2016 年	2017 年	均值
中国	第一梯队	法国	100261	65031	74610	101748	73778	109707	106257
	第二梯队	美国	51397	60922	56201	58983	83987	79254	64464
		加拿大	7168	53684	73532	67065	73650	74917	61648
	第三梯队	日本	4480	22259	56554	40510	36074	32091	37008
		德国	31806	35263	26602	42455	27342	26207	32534
	第四梯队	意大利	1344	27813	11640	26092	33069	41121	22543
		西班牙	41765	38519	13068	14045	14254	7837	20225
		瑞士	5644	6111	14422	19639	27541	23635	18144
		奥地利	20047	12272	3056	15393	7793	9954	11897

资料来源：笔者计算。

观察均值发现，中国高铁九类关键设备及零部件整体在九个高铁强国的全球价值链地位被划分成四个梯队。中国高铁关键设备及零部件在法国的全球价

---

① 全球价值链地位均值用 $\overline{METSI}$ 表示。

值链地位处于第一梯队（$\overline{METSI}=106257$）；中国高铁关键设备及零部件在美国（$\overline{METSI}=64464$）和加拿大（$\overline{METSI}=6648$）的全球价值链地位处于第二梯队；中国高铁关键设备及零部件在日本（$\overline{METSI}=37008$）的全球价值链地位和德国（$\overline{METSI}=32534$）的全球价值链地位处于第三梯队；中国高铁关键设备及零部件在意大利（$\overline{METSI}=22543$）、西班牙（$\overline{METSI}=20225$）、瑞士（$\overline{METSI}=18144$）、奥地利（$\overline{METSI}=11897$）的全球价值链地位共同处于第四梯队。从2004~2017年平均来看，中国高铁关键设备及零部件在法国、美国、加拿大的全球价值链地位较高，在这三个国家的国际竞争力较强。中国高铁关键设备及零部件在其他六个高铁强国的全球价值链地位较低于这三个国家，特别是处于技术垄断水平的高铁驾驶转向架和维修或服务车等关键设备及零部件国际竞争力最强的瑞士和奥地利，中国对这两国高铁关键设备及零部件的全球价值链地位很低（见图6-1）。

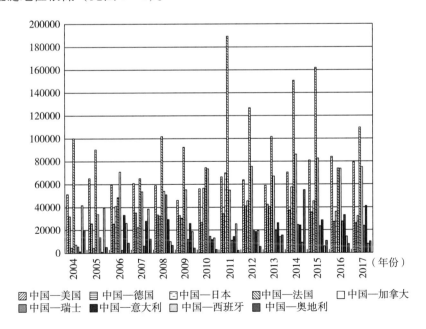

图6-1 中国高铁关键设备及零部件在高铁强国的全球价值链地位

资料来源：笔者计算并绘制。

高铁强国在铁路技术和高铁技术方面的技术积累领先中国上百年、数十年。本章依旧将所研究的时间跨度划分为中国高铁起步阶段（2004～2011 年）和中国高铁发展阶段（2012～2017 年），能更详细地探索中国高铁关键设备及零部件在高铁强国的全球价值链地位变化情况和国际竞争力情况。

　　6.4.1.1　中国高铁起步阶段（2004～2017 年）

　　表 6－2 是 2004～2011 年中国高铁起步阶段九类关键设备及零部件整体在高铁强国的全球价值链地位。观察均值发现，中国高铁九类关键设备及零部件整体在九个高铁强国的全球价值链地位被划分成三个梯队。中国高铁关键设备及零部件在法国（$\overline{METSI}$ = 95331）、美国（$\overline{METSI}$ = 58120）、加拿大（$\overline{METSI}$ = 50408）的全球价值链地位处于第一梯队；中国高铁关键设备及零部件在日本（$\overline{METSI}$ = 32646）和德国（$\overline{METSI}$ = 30691）的全球价值链地位处于第二梯队；中国高铁关键设备及零部件在西班牙（$\overline{METSI}$ = 26602）、意大利（$\overline{METSI}$ = 18015）、瑞士（$\overline{METSI}$ = 14510）和奥地利（$\overline{METSI}$ = 7801）的全球价值链地位处于第三梯队。从 2004～2011 年平均来看，中国高铁关键设备及零部件在法国、美国、加拿大的全球价值链地位较高，在这三个国家的国际竞争力较强。

表 6－2　2004～2011 年中国高铁九类关键设备及零部件在高铁强国的全球价值链地位

	梯队	国家	2004 年	2005 年	2006 年	2007 年	2008 年	2009 年	2010 年	2011 年	均值
中国	第一梯队	法国	100261	90294	48656	65031	101911	92571	74610	189310	95331
		美国	51397	65175	59581	60922	59062	46166	56201	66456	58120
		加拿大	7168	33910	70853	53684	53988	55319	73532	54812	50408
	第二梯队	日本	4480	4243	40989	22259	32383	30340	56554	69925	32646
		德国	31806	25672	25504	35263	33468	32861	26602	34349	30691
	第三梯队	西班牙	41765	39686	26014	38519	9932	18562	13068	25266	26602
		意大利	1344	884	33235	27813	29267	25799	11640	14135	18015
		瑞士	5644	13583	2642	6111	51011	11773	14422	10897	14510
		奥地利	20047	5150	8724	12272	6628	4321	3056	2209	7801

　　资料来源：笔者计算。

与所考察的全时间跨度2004~2017年的实证结果比较，全球价值链地位第一梯队不仅只有法国，美国和加拿大也在第一梯队。中国高铁起步阶段在法国的全球价值链地位均值小于全时间跨度均值，说明起步阶段中国高铁关键设备及零部件在法国的国际竞争力弱于全时间跨度的国际竞争力，中国高铁发展阶段关键设备及零部件的全球价值链地位均值高于起步阶段的均值，发展阶段中国高铁关键设备及零部件在法国的国际竞争力强于中国高铁起步阶段的国际竞争力。中国高铁起步阶段在美国的全球价值链地位均值小于全时间跨度均值，说明起步阶段中国高铁关键设备及零部件在美国的国际竞争力弱于全时间跨度的国际竞争力，中国高铁发展阶段关键设备及零部件的全球价值链地位均值高于起步阶段的均值，发展阶段中国高铁关键设备及零部件在美国的国际竞争力强于中国高铁起步阶段的国际竞争力。并且中国高铁关键设备及零部件在法国的全球价值链地位和国际竞争力与中国在美国的全球价值链地位和国际竞争力差距在加大（中国高铁起步阶段 $\Delta \overline{\text{METSI}} = 37211$；全时间跨度 $\Delta \overline{\text{METSI}} = 41793$）[①]，这个结果可能是在中国高铁发展阶段，在法国的全球价值链地位与在美国的全球价值链地位差距增大而造成的，具体情况将在中国高铁发展阶段进行讨论。就日本和德国而言，中国高铁起步阶段的全球价值链地位比全时间跨度的全球价值链地位稍低，两个国家的排序未发生变化。就西班牙和意大利而言，中国高铁起步阶段在西班牙的全球价值链地位比全时间跨度要高，起步阶段在意大利的全球价值链地位比全时间跨度要低，对于这两个国家全球价值链地位的变化将在下文中着重分析。就瑞士和奥地利而言，中国高铁起步阶段在这两个国家的全球价值链地位比全时间跨度要低，可能的原因是在中国高铁发展阶段对这两个国家的全球价值链地位都有所增加，瑞士和奥地利是掌握高

---

① 中国高铁起步阶段在法国和在美国的全球价值链地位均值差值 $\Delta \overline{\text{METSI}} = 95331 - 58120 = 37211$；全时间段，中国在法国和中国在美国的全球价值链地位均值差值 $\Delta \overline{\text{METSI}} = 106257 - 64464 = 41793$。

铁驾驶转向架和维修或服务车顶级技术的欧洲小国，中国的哪几类高铁关键设备及零部件在这两个国家的全球价值链地位增加了，将在下文按关键设备及零部件类别详细介绍。图6-2更直观地呈现出中国高铁起步阶段在高铁强国的全球价值链地位。

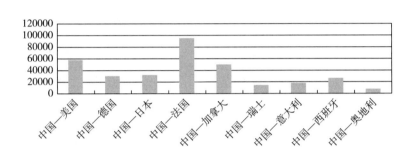

图6-2　中国高铁起步阶段在高铁强国的全球价值链地位

资料来源：笔者计算并绘制。

中国高铁起步阶段，在法国的高铁关键设备及零部件全球价值链地位处于绝对优势，在美国、加拿大的高铁关键设备及零部件全球价值链地位较高，在日本、德国的全球价值链地位差距很小。在西班牙、意大利、瑞士和奥地利的全球价值链地位较低。各年全球价值链地位如图6-3所示。

图6-3按照上文表中测算的全球价值链地位梯对水平进行排列并显示出趋势线。各个国家的左侧坐标数值不同，为方便观察，将各国全区价值链地位图放在一起比较，柱形长短并不代表全球价值链地位的实际高低，曲线的弯曲程度并不能代表全球价值链的实际增幅，只是表示趋势，要看左侧坐标轴来比较研究。在中国高铁发展阶段，中国在法国各年的高铁关键设备及零部件全球价值链地位变化趋势总体上升；中国在美国各年的高铁关键设备及零部件全球价值链地位变化趋势较为平稳；中国在加拿大各年的高铁关键设备及零部件全

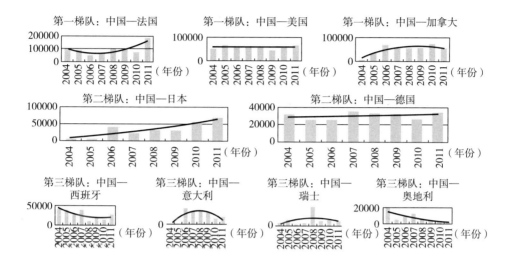

图 6 - 3　中国高铁起步阶段各年在高铁强国的全球价值链地位变化趋势

资料来源：笔者计算并绘制。

球价值链地位变化趋势总体上升幅度较大；中国在日本各年的高铁关键设备及零部件全球价值链地位变化呈平缓上升；中国在德国各年的高铁关键设备及零部件全球价值链地位变化趋势较为平稳；中国在西班牙各年的高铁关键设备及零部件全球价值链地位变化趋势呈总体下降；中国在意大利各年的高铁关键设备及零部件全球价值链地位变化呈总体大幅上升趋势；中国在瑞士各年的高铁关键设备及零部件全球价值链地位变化趋势呈总体小幅上升；中国在奥地利各年的高铁关键设备及零部件全球价值链地位变化趋势呈总体缓慢下降。

6.4.1.2　中国高铁发展阶段（2012～2017 年）

表 6 - 3 是 2012～2017 年中国高铁发展阶段九类关键设备及零部件整体在高铁强国的全球价值链地位。观察均值发现，中国高铁九类关键设备及零部件整体在九个高铁强国的全球价值链地位被划分成四个梯队。中国高铁关键设备及零部件在法国的全球价值链地位处于第一梯队（$\overline{\text{METSI}} = 120827$）；中国高铁关键设备及零部件在加拿大（$\overline{\text{METSI}} = 76635$）和美国（$\overline{\text{METSI}} = 72922$）的

全球价值链地位处于第二梯队；中国高铁关键设备及零部件在日本（$\overline{METSI}$ = 42823）和德国（$\overline{METSI}$ = 34992）的全球价值链地位处于第三梯队；中国高铁关键设备及零部件在意大利（$\overline{METSI}$ = 28581）、瑞士（$\overline{METSI}$ = 22989）、奥地利（$\overline{METSI}$ = 17359）和西班牙（$\overline{METSI}$ = 11722）的全球价值链地位处于第四梯队。从 2012～2017 年平均来看，中国高铁关键设备及零部件在法国、加拿大、美国的全球价值链地位较高，这三个国家的国际竞争力依然较强。这一阶段，中国高铁关键设备及零部件在西班牙的全球价值链地位和国际竞争力有所下降，在意大利、瑞士和奥地利的全球价值链地位有所提升，这与上一小节中预计的原因是一致的。

表 6 - 3 2012～2017 年中国高铁九类关键设备及零部件在高铁强国全球价值链地位

梯队		国家	2012 年	2013 年	2014 年	2015 年	2016 年	2017 年	均值
中国	第一梯队	法国	126876	101748	150822	162027	73778	109707	120827
	第二梯队	加拿大	75511	67065	86091	82575	73650	74917	76635
		美国	63831	58983	70456	81021	83987	79254	72922
	第三梯队	日本	45585	40510	57470	45208	36074	32091	42823
		德国	41025	42455	37277	35647	27342	26207	34992
	第四梯队	意大利	18533	26092	23999	28673	33069	41121	28581
		瑞士	19233	19639	24533	23352	27541	23635	22989
		奥地利	5509	15393	54968	10537	7793	9954	17359
		西班牙	19391	14045	9008	5797	14254	7837	11722

资料来源：笔者计算。

与所考察的全时间跨度 2004～2017 年的实证结果比较，全球价值链地位第一梯队仍然是法国，中国高铁发展阶段在法国的全球价值链地位均值大于全时间跨度均值，证明了发展阶段中国高铁关键设备及零部件对法国的国际竞争力强于全时间跨度的国际竞争力，中国高铁发展阶段关键设备及零部件的全球价值链地位均值高于起步阶段的均值，发展阶段高铁关键设备及零部件在法国的国际竞争力强于中国高铁起步阶段在法国的国际竞争力。全球价值链地位第二梯队是加拿大和美国，中国高铁发展阶段在加拿大的全球价值链地位均值大于全时间跨度均值，并且处于第二梯队第一名，超过了美国，证明了发展阶段中国高铁关键设备及零部件对加拿大的国际竞争力强于全时间跨度的国际竞争力。中国高铁发展阶段在美国的全球价值链地位均值大于全时间跨度均值，但是与全时间跨度比较，处于第二梯队第二名的位置，证明了发展阶段中国高铁关键设备及零部件对美国的国际竞争力强于全时间跨度的国际竞争力。全球价值链地位第三梯队是日本和德国，中国高铁发展阶段在日本的全球价值链地位均值大于全时间跨度均值，证明了发展阶段中国高铁关键设备及零部件对日本的国际竞争力强于全时间跨度的国际竞争力，中国高铁发展阶段关键设备及零部件的全球价值链地位均值高于起步阶段的均值。中国高铁发展阶段在德国的全球价值链地位均值大于全时间跨度均值，证明了发展阶段中国高铁关键设备及零部件对德国的国际竞争力强于全时间跨度的国际竞争力，中国高铁发展阶段关键设备及零部件的全球价值链地位均值高于起步阶段的均值。全球价值链地位第四梯队是意大利、瑞士、奥地利和西班牙。中国高铁发展阶段在意大利的全球价值链地位均值大于全时间跨度均值，证明了发展阶段中国高铁关键设备及零部件对意大利的国际竞争力强于全时间跨度的国际竞争力，中国高铁发展阶段关键设备及零部件的全球价值链地位均值略高于起步阶段的均值。中国高铁发展阶段在瑞士的全球价值链地位均值大于全时间跨度均值，证明了发展阶段中国高铁关键设备及零部件对瑞士的国际竞争力强于全时间跨度的国际竞争力。中国高铁发展阶段在奥地利的全球价值链地位均值大于全时间跨度均值，证明了发展阶段中国高铁关键设备及零部件对奥地利的国际竞争力强于全时间跨度的国际竞争力。中国高铁发展阶段在西班牙的全球价值链地位均值小于全时间跨度均值，证明了发展阶段中国高铁关键设备及零部件对西班牙的国际竞争力弱于全时间跨度的国际竞争力（见图6-4）。

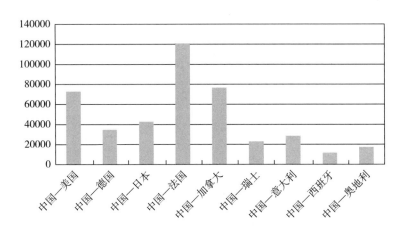

图6-4 中国高铁发展阶段在高铁强国的全球价值链地位

资料来源：笔者计算并绘制。

中国高铁发展阶段，在法国的高铁关键设备及零部件全球价值链地位处于绝对优势，在加拿大和美国高铁关键设备及零部件全球价值链地位较高，在日本和德国的全球价值链地位次高。在意大利、瑞士、奥地利和西班牙的全球价值链地位相对较低。各年全球价值链地位如图6-5所示。

图6-5按照上文表中测算的全球价值链地位梯队水平进行排列并显示出趋势线。各个国家的左侧坐标数值不同，为方便观察将各国全区价值链地位图放在一起比较，柱形长短并不代表实际全球价值链地位的高低，曲线的弯曲程度并不能代表全球价值链的实际增幅，只是表示趋势，要看左侧坐标轴来比较研究。在中国高铁发展阶段，中国在法国各年的高铁关键设备及零部件全球价值链地位变化趋势略有下降；中国在加拿大各年的高铁关键设备及零部件全球价值链地位平稳增长；中国在美国各年的高铁关键设备及零部件全球价值链地

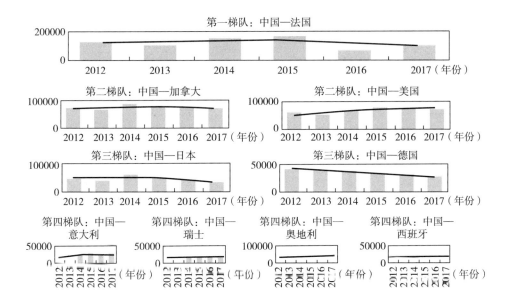

图6-5　中国高铁发展阶段各年在高铁强国的全球价值链地位趋势

资料来源：笔者计算并绘制。

位变化趋势略有上升；中国在日本各年的高铁关键设备及零部件全球价值链地位变化略有下降趋势；中国在德国各年的高铁关键设备及零部件全球价值链地位变化缓慢下降；中国在意大利各年的高铁关键设备及零部件全球价值链地位变化缓慢上升；中国在瑞士各年的高铁关键设备及零部件全球价值链地位变化略有上升；中国在奥地利各年的高铁关键设备及零部件全球价值链地位变化基本平稳；中国在西班牙各年的高铁关键设备及零部件全球价值链地位变化略有下降。

6.4.2　按高铁关键设备及零部件类别分析

在按出口贸易国家分析了中国高铁产业关键设备及零部件在高铁强国的全球价值链地位之后，已经明确了在中国高铁起步阶段和发展阶段的关键设备及零部件全球价值链地位的变化趋势。但是，对于 2004～2017 年九类高铁关键设备及零部件的大面板数据，还没有考察中国高铁每类关键设备及零部件在高铁强国的全球价值链地位变化情况，以下部分将研究此问题。

6.4.2.1 轴、轮及零部件

中国高铁轴、轮及零部件在高铁强国的全球价值链地位，如图 6-6 所示。

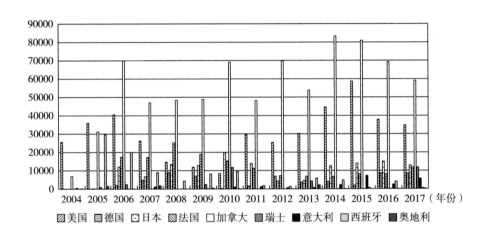

图 6-6 中国高铁轴、轮及零部件在高铁强国的全球价值链地位

资料来源：笔者计算并绘制。

中国高铁轴、轮及零部件在高铁强国九个国家的全球价值链地位表现得很明显，这一关键设备及零部件在高铁强国具有较强的国际竞争力。主要体现在对加拿大的这类关键设备及零部件的全球价值链地位高的优势，2007～2013年，加拿大对中国高铁的轴、轮及零部件的需求呈波动式变化趋势，并且需求很大，全球价值链地位与其他国家差值最明显。不仅在加拿大的全球价值链地位突出，在美国的全球价值链地位也较高，2014 年和 2015 年全球价值链地位快速增加。2006 年之后有所下降，直到 2011 年全球价值链地位有所上升。中国高铁发展阶段，轴、轮及零部件在美国的全球价值链地位明显高于起步阶段。中国高铁轴、轮及零部件全球价值链地位在法国只有2008年、2009年有较为突出的体现，其余年份较低，轴、轮及零部件这一类在法国的国际竞争力较低。中国高铁的轴、轮及零部件全球价值链地位在其余几个国家相对很低，表明中国高铁的国际竞争力很低。但是这类关键设备及零部件的需求较为稳定（见图6－7），中国轴、轮及零部件在其他几个高铁强国的全球价值链地位较低。

6.4.2.2　空气制动器及零部件

中国高铁空气制动器及零部件在高铁强国的全球价值链地位，如图6－7所示。

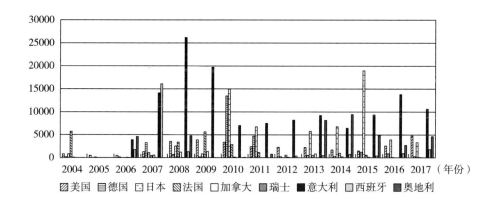

图6－7　中国高铁空气制动器及零部件在高铁强国的全球价值链地位

资料来源：笔者计算并绘制。

中国高铁空气制动器及零部件在意大利、日本、奥地利这三个高铁强国的全球价值链地位表现得很明显。中国高铁空气制动器及零部件在意大利的全球价值链地位高的优势体现在2008年（METSI＝26178）、2009年（METSI＝19691）、2016年（METSI＝13789）和2017年（METSI＝10618），其余年份最高的只有2013年（METSI＝9213）。中国高铁空气制动器及零部件在日本的全球价值链地位次高，2010 年（METSI = 14947）、2011 年（METSI = 6783）、2013 年（METSI = 5803）、2014 年（METSI = 6808）和 2015 年（METSI = 18973）其全球价值链地位有所体现，2015 年出现全球价值链地位峰值。中国高铁空气制动器及零部件在奥地利的全球价值链地位同样较高，2006 年（METSI = 4605）、2008 年（METSI = 4766）、2013 年（METSI = 8169）、2014 年（METSI = 9473）和 2015 年（METSI = 4844）其全球价值链地位有所体现，2014 年出现全球价值链地位峰值。

6.4.2.3　其他制动器及零部件

中国高铁其他制动器及零部件在高铁强国的全球价值链地位，如图 6 - 8 所示。

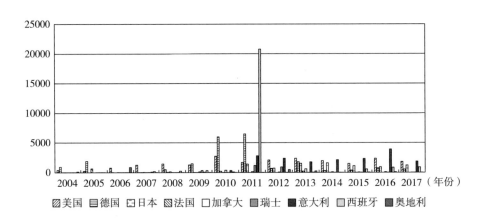

图 6 - 8　中国其他制动器及零部件在高铁强国的全球价值链地位

资料来源：笔者计算并绘制。

中国高铁其他制动器及零部件在西班牙、意大利、美国这三个高铁强国的全球价值链地位较高，在意大利和美国的变化趋势呈连续波动，这一关键设备及零部件在高铁强国具有一定的国际竞争力。中国高铁其他制动器及零部件在西班牙的全球价值链地位最高的优势体现在 2011 年（METSI = 20797）。中国高铁其他制动器及零部件在意大利的全球价值链地位次高，在中国高铁发展阶段全球价值链地位较为连续，2011 年（METSI = 2803）、2014 年（METSI = 2115）、2015 年（METSI = 2334）和 2016 年（METSI = 3915）。

6.4.2.4 驾驶转向架

中国高铁驾驶转向架在高铁强国的全球价值链地位，如图 6 - 9 所示。

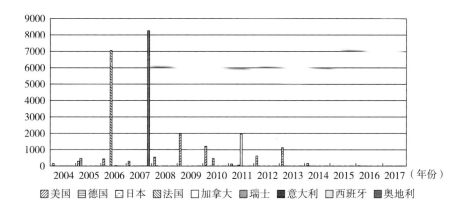

图 6 - 9 中国高铁驾驶转向架在高铁强国的全球价值链地位

资料来源：笔者计算并绘制。

中国高铁驾驶转向架在奥地利、法国这两个高铁强国具有全球价值链地位优势，在美国、加拿大的全球价值链地位次之。并且只在 2006 年和 2007 年具有全球价值链地位，其他年份在数值上没有体现。中国高铁驾驶转向架在奥地利的全球价值链地位最高，2007 年出现峰值（METSI = 8267）。中国高铁驾驶转向架在法国的全球价值链地位较高，2006 年出现峰值（METSI = 7050）。中国高铁驾驶转向架在美国的全球价值链地位数值比较连续，如 2006 年（MET-SI = 437）、2007 年（METSI = 292）、2008 年（METSI = 551）、2009 年（MET-

SI = 1979)、2010 年 (METSI = 1222)、2012 年 (METSI = 616)、2013 年
(METSI = 1137), 2009 年出现峰值。中国高铁驾驶转向架在加拿大的全球价
值链地位也较高, 2011 年出现峰值 (METSI = 1956)。

6.4.2.5 其他转向架

中国高铁其他转向架在高铁强国的全球价值链地位, 如图 6 – 10 所示。

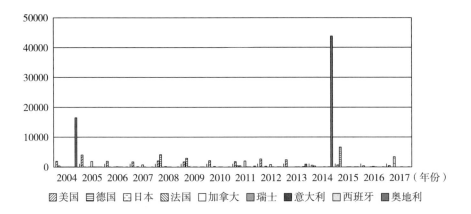

图 6 – 10 中国高铁其他转向架在高铁强国的全球价值链地位

资料来源: 笔者计算并绘制。

中国高铁其他转向架在奥地利、美国、德国、加拿大具有全球价值链地位
优势。在奥地利的全球价值链地位最高, 2004 年 (METSI = 16486)、2014 年
出现峰值 (METSI = 43859)。中国高铁其他转向架在美国的全球价值链地位数
值较为连续, 2004 年 (METSI = 1924)、2005 年 (METSI = 4007)、2010 年
(METSI = 2105)、2012 年 (METSI = 2685)、2013 年 (METSI = 2378)。中国
高铁其他转向架在德国的全球价值链地位数值较高, 如 2008 年 (METSI =
4132)、2009 年 (METSI = 2910)、2015 年 (METSI = 6604), 2015 年出现峰
值。中国高铁其他转向架在加拿大的全球价值链地位也较高并且相对连续, 如

2005 年（METSI = 1881）、2007 年（METSI = 713）、2011 年（METSI = 1985）、
2012 年（METSI = 754），2011 年出现峰值。中国高铁其他转向架在高铁强国
具有一定的国际竞争优势。

6.4.2.6　钩、联结器、缓冲器及零部件

中国高铁钩、联结器、缓冲器及零部件在高铁强国的全球价值链地位，如
图 6－11 所示。

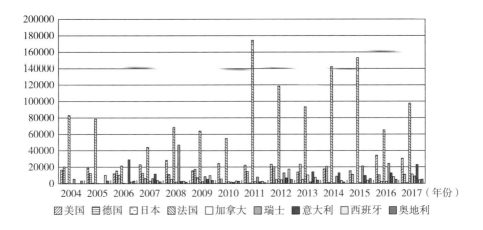

图 6－11　中国高铁钩、联结器、缓冲器及零部件在高铁强国的全球价值链地位

资料来源：笔者计算并绘制。

中国高铁钩、联结器、缓冲器及零部件在法国、美国、德国、瑞士具有全
球价值链地位优势，并且法国、美国、德国的全球价值链地位数值较为连续。
在法国的全球价值链地位最高，如 2004 年（METSI = 83036）、2008 年（METSI =
68663）、2011 年（METSI = 174281）、2014 年（METSI = 142332）、2015 年
（METSI = 153049）、2017 年（METSI = 97563），2017 年出现峰值（METSI =
174281）。中国高铁钩、联结器、缓冲器及零部件在美国的全球价值链地位较
高且数值连续，如 2004 年（METSI = 16626）、2007 年（METSI = 23016）、

2010 年（METSI = 24487）、2012 年（METSI = 23383）、2016 年（METSI = 34502）、2017 年（METSI = 30382），2011 年出现峰值。中国高铁钩、联结器、缓冲器及零部件在德国的全球价值链地位较高且数值连续，如 2004 年（MET-SI = 20471）、2007 年（METSI = 12468）、2010 年（METSI = 5488）、2012 年（METSI = 20451）、2016 年（METSI = 10420）、2017 年（METSI = 10883），2011 年出现峰值。中国高铁钩、联结器、缓冲器及零部件在瑞士的全球价值链地位也较高，如 2004 年（METSI = 5498）、2007 年（METSI = 6106）、2008 年（METSI = 47051）、2012 年（METSI = 12849）、2015 年（METSI = 21211）、2016 年（METSI = 24331）、2017 年（METSI = 8914），2008 年出现峰值。中国高铁钩、联结器、缓冲器及零部件在高铁强国具有一定的国际竞争优势。

6.4.2.7　维修或服务车

中国高铁维修或服务车在高铁强国的全球价值链地位，如图 6 - 12 所示。

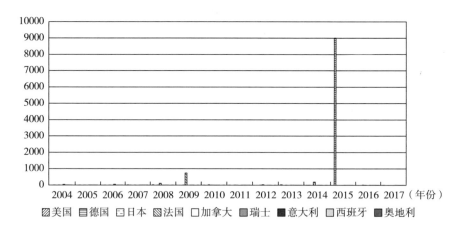

图 6 - 12　中国高铁维修或服务车在高铁强国的全球价值链地位

资料来源：笔者计算并绘制。

中国高铁维修或服务车在德国、法国两个高铁强国的全球价值链地位比较突出，在其他国家的全球价值链地位微乎其微。如在德国 2015 年（METSI = 9011），在法国 2009 年（METSI = 741）。中国高铁维修或服务车的国际竞争力很弱，在高铁强国的全球价值链地位较低。

6.4.2.8　交通管理设备及零部件

中国高铁交通管理设备及零部件在高铁强国的全球价值链地位，如图 6 - 13 所示。

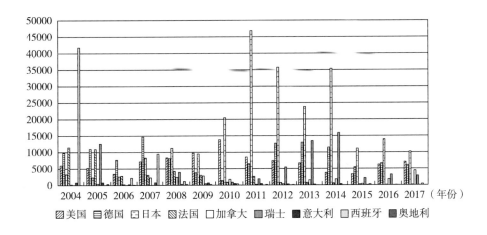

图6 - 13　中国高铁交通管理设备及零部件在高铁强国的全球价值链地位

资料来源：笔者计算并绘制。

中国高铁交通管理设备及零部件在高铁强国的全球价值链地位相对较高，国际竞争力较强。在日本、德国、美国的全球价值链地位较高，且呈较为连续的波动变化。这类关键设备及零部件在中国高铁起步阶段，在西班牙的全球价值链地位较高，中国高铁发展阶段在瑞士的全球价值链地位有所上升。中国高铁交通管理设备及零部件在日本的全球价值链地位数值较为连续，全球价值链地位较高体现在 2010 年（METSI = 20486）、2011 年（METSI = 46868）、2012 年（METSI = 35770）、2013 年（METSI = 23783）和 2014 年（METSI =

35371），其中2011年全球价值链地位出现峰值，并且在中国高铁发展阶段的全球价值链地位和国际竞争力水平高于起步阶段。中国高铁交通管理设备及零部件在德国的全球价值链地位数值也较为连续，全球价值链地位较高体现在2004年（METSI = 9859）、2005年（METSI = 10959）、2007年（METSI = 14670）、2012年（METSI = 12718）、2013年（METSI = 12995）和2014年（METSI = 11505）。中国高铁交通管理设备及零部件在德国的全球价值链地位数值特点是连续性强、波动幅度相对较小，全球价值链地位较为平稳。中国高铁交通管理设备及零部件在美国的全球价值链地位数值也较为连续，全球价值链地位较高体现在2008年（METSI = 8353）、2009年（METSI = 9699）、2010年（METSI = 13823）。中国高铁交通管理设备及零部件在美国的全球价值链地位数值特点是连续性强、波动幅度相对较小，全球价值链地位较为平稳。

6.4.2.9 电力机车

中国高铁电力机车在高铁强国的全球价值链地位，如图6-14所示。

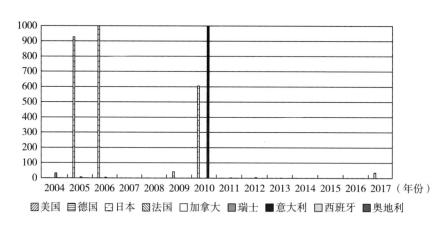

图6-14 中国高铁电力机车在高铁强国的全球价值链地位

资料来源：笔者计算并绘制。

中国高铁电力机车在日本、意大利、瑞士这三个"一带一路"沿线国家具有全球价值链地位优势。中国电力机车在日本的全球价值链地位特别高，如 2005 年（METSI = 926）、2006 年（METSI = 16002）和 2010 年（METSI = 605），在 2006 年出现峰值。中国电力机车在意大利的全球价值链地位较高，2010 年出现峰值（METSI = 1326）。中国电力机车在瑞士的全球价值链地位较高，如 2004 年（METSI = 32）、2005 年（METSI = 7）、2006 年（METSI = 5）、2011 年（METSI = 3）、2012 年（METSI = 4）、2013 年（METSI = 2）。中国电力机车能够在日本高铁上广泛被应用，并且对高铁强国来讲主要出口对象是日本，在欧洲的主要出口对象是瑞士和意大利。这是中国电力机车行业几代人经过数十年的成就，电力机车是中国高铁产业关键设备及零部件实现全球价值链地位高端的典型代表，值得深度剖析和借鉴电力机车行业发展的成功经验。

6.5　本章小结

本章基于 2004～2017 年高铁关键设备及零部件九类产品的出口数据，采用出口技术复杂度（METSI）方法，测度中国高铁产业九类关键设备及零部件整体在高铁强国九个国家的全球价值链地位，同时，分别测度中国高铁产业每类关键设备及零部件在高铁强国的全球价值链地位。并且将时间段划分成中国高铁起步阶段和中国高铁发展阶段进行研究。研究结果表明：

（1）按高铁强国九个贸易国家和全时间跨度来看，中国高铁产业关键设备及零部件在法国的全球价值链地位最高，处于第一梯队；在美国和加拿大的全球价值链地位处于第二梯队；在日本和德国的全球价值链地位处于第三梯队；在意大利、西班牙、瑞士和奥地利的全球价值链地位处于第四梯队。中国高铁产业关键设备及零部件部分类别在高铁强国中的日本、德国的国际竞争力较强。

（2）中国高铁起步阶段和发展阶段以及所考察的全时间段全球价值链地位，前三名的国家均相同的是法国、美国和加拿大。

（3）按关键设备及零部件九个类别来看，轴、轮及零部件，钩、联结器、缓冲器及零部件，交通管理设备及零部件以及电力机车，中国高铁在高铁强国的全球价值链地位较高，国际竞争力较强。而空气制动器及零部件、其他制动器及零部件、维修或服务车、驾驶转向架、其他转向架在高铁强国的全球价值链地位低，国际竞争力较弱。

（4）中国高铁产业九类关键设备及零部件中几乎全部类别在法国具有国际竞争优势，国际竞争力更明显的是轴、轮及零部件，钩、联结器、缓冲器及零部件，交通管理设备及零部件，空气制动器及零部件。

（5）中国高铁产业九类关键设备及零部件中有七类在美国具有国际竞争优势，国际竞争力更明显的是轴、轮及零部件，驾驶转向架，其他转向架，交通管理设备及零部件，空气制动器及零部件，其他制动器及零部件，钩、联结器、缓冲器及零部件。

（6）中国高铁产业九类关键设备及零部件中有四类在加拿大具有国际竞争优势，主要是轴、轮及零部件，钩、联结器、缓冲器及零部件，空气制动器及零部件，交通管理设备及零部件。

（7）中国高铁发展阶段关键设备及零部件在高铁强国的全球价值链地位高的类别，多数在起步阶段的全球价值链地位也较高。中国加入世界贸易组织之后，作为世界工厂，承担了一定份额的制造业务，再加上劳动力成本优势，中国制造的高铁关键设备及零部件在发达国家具有竞争优势。其中，电力机车这类关键设备及零部件几乎垄断了日本市场。

（8）依据对"一带一路"沿线典型国家的市场需求来看，总体由于市场容量的限制，需要有限；从关键设备及零部件全球价值链地位数值的连续性可以看到，高铁强国的需求较为平稳，最典型的国家是德国，在中国高铁起步阶段和发展阶段，中国高铁关键设备及零部件在德国的全球价值链地位差值较低。

鉴于此，本章基于上述研究结论，得出以下五点重要政策启示：

（1）发挥自身优势，确保强项国际竞争力。对于具有全球价值链地位优势和国际竞争力的关键设备及零部件，要确保国际市场份额，继续维持连续稳定的供应关系，并争取世界范围内高铁规划项目中关键设备及零部件的供应份额。

（2）与不同的高铁强国共建不同类别的研发平台。根据每类关键设备及零部件的技术特点并结合中国这类产品的实际水平，与国际竞争力强的国家建立研发平台，并能扩大联合研发的关键设备及零部件在高铁强国投入使用，中国能够掌握一手实验数据，缩短掌握顶尖技术的时间。

（3）鼓励高铁装备领域、工程机械领域人才出国深造。国家政策和地方政策、企事业单位政策联合确保与高铁技术相关专业的青年人才到高铁强国留学深造本专业。好的政策环境能够激励青年人才对顶尖技术的追求。特别是瑞士、奥地利等欧洲小国掌握着高铁关键设备及零部件的关键环节，中国高铁技术人才加强对这些欧洲国家的技术学习十分必要。

（4）引进掌握高铁技术的国际人才。世界范围内引进掌握高铁关键技术的人才，跨越国际和文化差异，以宽容和包容的姿态，容纳世界各地的高铁技术人才。

（5）对于全球价值链和国际竞争力很低的高铁关键设备及零部件，采取技术跟随策略。高铁关键及时真正实现自主创新需要技术积累，更需要时间积累，国家和技术人才的资本和时间都是有限的，短时间内是不可能完成的，对于全球价值链地位处于劣势的关键设备及零部件，采取技术跟随策略是切合实际的策略选择。

第7章　中国对外直接投资对高铁产业关键设备及零部件全球价值链地位的影响研究

本章主要研究内容是用实证的方法检验中国对外直接投资是否对中国高铁产业关键设备及零部件全球价值链地位产生影响。分别论证和验证了：中国在"一带一路"沿线国家的对外直接投资，对中国高铁产业关键设备及零部件的全球价值链地位的影响不显著；中国在高铁强国的对外直接投资，对中国高铁产业关键设备及零部件的全球价值链地位有显著影响。

本章试图对上述研究内容进行实证检验分析，并得出结论，提出对策建议。

7.1　模型设置与变量选取

参考并借鉴 Di Mauro（2000）、蒋冠宏和蒋殿春（2012）、戴翔（2011a）以及杨成玉（2017）研究过程中使用过的模型，本书设置静态面板数据模型：

$$\ln GVC_{chni}(t) = \alpha_0 + \alpha_1 \ln OFDI_{chni}(t) + \alpha_2 \sum \ln X_{chni}(t) + \lambda_i + \varphi_t + \varepsilon_i(t)$$

$$(7-1)$$

对七个"一带一路"沿线国家的研究, $i \in \Omega$ 且 $i \neq chn$, $\Omega \in \{SG, MYS,$ $THA, VIE, IND, IDN, TUR\}$。

对高铁强九个国家的研究, $i \in \Omega$ 且 $i \neq chn$, $\Omega \in \{CHN, USA, GER,$ $JAP, FR, CAD, ITA, ESP, CH, AUT\}$。

$GVC_{chni}(t)$ 表示 t 时刻中国对 i 国的全球价值链地位, 将其设置为被解释变量进行实证检验, 以反映中国对各国家高铁关键设备及零部件的全球价值链地位, 是九类关键设备及零部件出口技术结构和技术水平的动态变化。

$OFDI_k(t)$ 表示 t 时刻中国对 i 国家的对外直接投资变量。

$X_{chni}(t)$ 表示观察变量, 其中主要包括中国对"一带一路"沿线国家和高铁强国的出口总值、全要生产率、全球外生变量等指标。

λ_i 表示个体效应; φ_t 表示时间效应; $\varepsilon_i(t)$ 表示随机误差项。

对外直接投资对制造业全球价值链地位的影响是动态的, 并且滞后于对外直接投资时期, 同时变量的内生性可能会造成偏差, 本章在原面板数据的解释项中引入被解释变量滞后项, 试图解决上述可能存在的问题。构建新的动态面板数据模型:

$$\ln GVC_{chni}(t) = \alpha_0 + \ln GVC_{chni}(t-1) + \alpha_2 \ln OFDI_{chni}(t) +$$

$$\alpha_3 \sum \ln X_{chni}(t) + \lambda_i + \varphi_t + \varepsilon_i(t) \qquad (7-2)$$

7.2　变量选取与数据说明

中国对"一带一路"沿线国家和高铁强国关键设备及零部件的全球价值

链地位 GVC，分别作为被解释变量。高铁关键设备及零部件全球价值链地位反映中国在各国家中出口关键设备及零部件技术含量的分布，该指标的增长表示中国在该国出口的关键设备及零部件技术含量的增长，这类关键设备及零部件就更具国际竞争优势。中国在各"一带一路"沿线国家高铁关键设备及零部件全球价值链地位数据依据 5.2.2 "中国高铁产业关键设备及零部件在'一带一路'沿线国家全球价值链地位测度方法"所得，中国在各高铁强国关键设备及零部件全球价值链地位数据依据 6.2.2 "中国高铁产业关键设备及零部件在高铁强国全球价值链地位测度方法"所得，基础数据源于联合国统计司（署）官网、中国海关官网、《中国对外直接投资统计公报》、国际货币基金组织、国家统计局、世界贸易数据库、世界宏观经济数据库、能源数据库并结合 EPS 数据平台而获得①。

（1）中国在"一带一路"沿线国家和高铁强国的对外直接投资变量（OF-DI）。本书着重研究中国对外直接投资对高铁产业关键设备及零部件全球价值链地位的影响，通常情况下，对外直接投资存量反映积累效应，对外直接投资流量反映当期的瞬时效应。Magalhaes（2007）、余海燕和沈桂龙（2020）采用对外直接投存量进行计量估计，存量数据比流量数据能更有效显示对外直接投资的行为效果，还可以有效解决出口与投资之间的多重共线性问题，并且能进一步反映出对外直接投资的滞后效应。本章采用对外直接投资存量反映中国在"一带一路"沿线国家和高铁强国的对外直接投资水平。基础数据来源于各年《中国对外直接投资统计公报》。

（2）中国在"一带一路"沿线国家和高铁强国的出口总值（EXM）。本

---

① 缺失数据的处理方法：关于数据缺失的原因可能有两种：一是原始数据统计的缺失；二是某类高铁关键设备及零部件当年确实未发生进出口贸易往来，没有数据。本书所使用的主要指标是进口金额（美元）、出口金额（美元）、进口总额（美元）、出口总额（美元），从万美元至千万美元、亿美元不等，数值较大。为保证满版数据的连续性，对个别缺失值用 1 美元代替，几乎不影响样本数据的真实性。

章把中国在各国家的贸易出口总值作为解释变量之一用以分析。数据来源于联合国世界贸易数据库。

（3）全要素生产率代理变量（perGDP）。劳动生产率能够反映技术水平，全要素生产率可衡量国家的技术要素丰裕程度。但是，因为全要素生产率指标计算的复杂性和数据的不可得性，这一指标通常被一国的劳动生产率所替代，樊纲等（2006）、杨成玉（2017）在忽略人口结构差异的假设下用该国人均GDP 表示。本章借鉴上述学者的做法，采用全要素生产率代理变量人均 GDP 表示，尽管存在不仅考察技术水平而且价格因素也存在其中的局限性，但对于本书所研究的内容具有适用性。数据来源于世界宏观经济数据库美元当年价的人均 GDP。

（4）全球外生变量（OIL）。刘健（2013）通过构建全球网络，研究认为，国际原油价格对中国外贸发展有重要影响。周小林、王浩明（2014）研究认为，高油价是阻碍我国外贸结构转型升级的重要因素。本章将原油价格作为模型的解释变量之一。国际油价数据来自能源数据库中英国北海布伦特原油价格年平均值。

7.3　实证结果与分析

7.3.1　在"一带一路"沿线国家的检验结果

基于本书系统性采用的中国在七个"一带一路"沿线国家高铁关键设备及零部件2004～2017 年面板数据进行实证检验，考察中国在"一带一路"沿线国家的对外直接投资对中国高铁产业关键设备及零部件全球价值链地位的影响。分别建立静态面板数据模型和动态面板数据模型，并采用 OLS 估计法和 GMM 系统估计法进行实证检验。

首先，对面板数据进行单位根检验，判断是否为平稳时间序列。检验结果如表 7 - 1 所示。结果表明，面板数据单位根检验是同阶平稳的，不存在"伪回归"的可能性，可以进行下一步的分析。

表 7 - 1   在"一带一路"沿线国家面板数据的单位根检验结果

检验方法	统计量（ETSI）	P 值	结论
Levin，Lin&Chu t	- 11. 2651	0. 0000	一阶差分平稳
Im. Pesaran and Shin W - stat	- 5. 2487	0. 0000	一阶差分平稳
ADF - Fisher Chi - square	212. 623	0. 0000	一阶差分平稳
PP - Fisher Chi - square	475. 254	0. 0000	一阶差分平稳

资料来源：笔者计算。

其次，对面板数据进行协整检验，判断面板数据间是否存在协整关系。协整结果如表 7 - 2 所示。结果表明，面板数据在 1% 显著性水平下拒绝"有 0 个协整关系"的假设，面板数据存在协整关系，可以进行下一步的实证分析。

表 7 - 2   在"一带一路"沿线国家面板数据的协整检验结果

检验方法	t 统计量	P 值	结论
ADF	- 2. 966801	0. 0015	存在协整关系

资料来源：笔者计算。

再次，对"一带一路"沿线国家静态面板数据模型（7 - 1）进行 OLS 估计，估计结果如表 7 - 3 所示。

表 7 - 3　在"一带一路"沿线国家静态面板数据模型的 OLS 估计结果

变量	Model（1）	Model（2）	Model（3）	Model（4）
	lnGVC	lnGVC	lnGVC	lnGVC
ln$OFDI$	- 0.046 （- 0.48）	0.149 ** （- 2.27）	- 0.201 （- 1.50）	- 0.125 （- 0.58）
lnEXM	0.284 （- 1.2）		1.625 ** （- 2.42）	2.086 ** （- 2.63）
ln$perGDP$	1.009 *** （- 10.08）		- 1.234 （- 0.95）	- 1.412 （- 0.88）
lnOIL	- 0.326 （- 0.94）		- 0.28 （- 0.83）	- 3.946 （- 0.73）
2004. year				0 （.）
2005. year				0.624 （- 0.36）
2006. year				1.171 （- 0.48）
2007. year				1.432 （- 0.53）
2008. year				2.465 （- 0.59）
2009. year				0.793 （- 0.48）
2010. year				1.459 （- 0.53）
2011. year				3.146 （ 0.71）
2012. year				2.238 （- 0.52）
2013. year				2.812 （- 0.69）

续表

变量	Model（1） lnGVC	Model（2） lnGVC	Model（3） lnGVC	Model（4） lnGVC
2014. year				2.1 （-0.6）
2015. year				-0.622 （-1.11）
2016. year				-0.89 （-0.79）
2017. year				0 （.）
_cons	-5.139 （-1.02）	6.626*** （-8.83）	-16.409** （-2.24）	-12.312 （-0.99）
N	98	98	98	98
r2_a	0.564	-0.019	0.057	-0.019
WaldF				
WaldP				
t statistics in parentheses				

注：括号内为回归系数的 t 统计值：***、**、*分别代表1%、5%、10%的显著性水平。
资料来源：笔者计算可得。

表7-3是中国在七个"一带一路"沿线国家对外直接投资对中国高铁产业关键设备及零部件全球价值链地位的静态面板数据 OLS 估计结果。实证结果表明，中国对外直接投资不能显著提升中国高铁产业关键设备及零部件的全球价值链地位水平。Model（2）只单独考虑对外直接投资一个变量对高铁关键设备及零部件全球价值链地位的影响时，体现出对外直接投资在5%显著性水平下对中国高铁关键设备及零部件全球价值链地位有提升，略微提升了中国高铁产业关键设备及零部件的技术水平。而 Model（1）、Model（3）和 Model（4）对外直接投资对中国高铁产业关键设备及零部件全球价值链地位的影响并不显著。

最后，对"一带一路"沿线国家动态面板数据模型（7 -2）进行 GMM 检验，估计结果如表 7 -4 所示。

表 7 -4　在"一带一路"沿线国家动态面板数据模型的 GMM 估计结果

变量	Model（1）	Model（2）	Model（3）	Model（4）
	lnGVC	lnGVC	lnGVC	lnGVC
L. lnGVC	0. 22 （ -1. 52）	0. 188 （ -1. 24）	0. 181 （ -1. 23）	0. 176 （ -1. 17）
ln*OFDI*	0. 121 （ -1. 02）	-0. 136 （ -0. 79）	-0. 211 （ -1. 23）	-0. 250 ** （ -2. 07）
ln*EXM*		0. 775 * （ -1. 92）	1. 130 ** （ -2. 18）	1. 141 ** （ -2. 21）
ln*perGDP*			-0. 255 （ -0. 17）	-0. 038 （ -0. 03）
ln*OIL*				-0. 167 （ -0. 50）
_ cons	5. 115 *** （ -3. 38）	-10. 189 （ -1. 45）	-15. 568 *** （ -3. 61）	-16. 491 *** （ -3. 94）
N	84	84	84	84
Sargan 统计量	1. 993349 （1）	0. 72908 （1）	0. 698199 （1）	0. 239057 （1）
AR（2）统计量	1. 3798 （0. 1677）	1. 2041 （0. 2285）	1. 139 （0. 2547）	1. 1259 （0. 2602）
r2_ a				
WaldF				
WaldP				
t statistics in parentheses				

注：括号内为回归系数的 t 统计值：*** 、** 、* 分别代表 1% 、5% 、10% 的显著性水平。Sargan 检验原假设为"模型过度约束正确"，若检验结果 p 值大于 0. 1，说明原假设被接受，即说明模型设定正确。

资料来源：笔者计算。

表7-4是中国在七个"一带一路"沿线国家对外直接投资对中国高铁产业关键设备及零部件全球价值链地位的动态 GMM 估计结果。模型通过了过度识别检验和干扰项序列相关检验，能够保证模型检验结果有效。实证结果表明，中国对外直接投资不能显著提高中国高铁产业关键设备及零部件的全球价值链地位。如 Model（1）实证结果所示，只把中国对外直接投资视为解释变量的情况下，并不显著影响全球价值链地位。引入其他解释变量，在 Model（2）、Model（3）、Model（4）中分别引入出口总值变量、全要素生产率代理变量以及全球外生变量，如 Model（4）实证结果所示，只有在这种情况下，对外直接投资对中国高铁产业关键设备及零部件全球价值链地位在5% 水平有影响，其他条件下影响均不显著。

7.3.2 在高铁强国的检验效果

基于本书系统性采用的中国在高铁强国九个国家高铁关键设备及零部件 2004～2017 年面板数据进行实证检验，考察中国在高铁强国的对外直接投资对中国高铁产业关键设备及零部件全球价值链地位的影响。分别建立静态面板数据模型和动态面板数据模型，并采用 OLS 估计法和 GMM 系统估计法进行实证检验。

首先，对面板数据进行单位根检验，判断是否为平稳时间序列。检验结果如表7-5所示。结果表明，面板数据单位根检验是同阶平稳的，不存在"伪回归"的可能性，可以进行下一步的分析。

其次，对面板数据进行协整检验，判断面板数据间是否存在协整关系。协整结果如表7-6所示。结果表明，面板数据在1% 显著性水平下拒绝"有0个协整关系"的假设，面板数据存在协整关系，可以进行下一步的实证分析。

再次，对高铁强国静态面板数据模型（7-1）进行 OLS 估计，估计结果如表7-7所示。

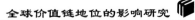

表7-5　在高铁强国面板数据的单位根检验结果

检验方法	统计量（ETSI）	P值	结论
Levin，Lin&Chu t	-10.2651	0.0000	一阶差分平稳
Im. Pesaran and Shin W-stat	-4.2487	0.0000	一阶差分平稳
ADF-Fisher Chi-square	160.623	0.0000	一阶差分平稳
PP-Fisher Chi-square	213.254	0.0000	一阶差分平稳

资料来源：笔者计算。

表7-6　在高铁强国面板数据协整检验结果

检验方法	t统计量	P值	结论
ADF	-2.666801	0.0016	存在协整关系

资料来源：笔者计算。

表7-7　在高铁强国静态面板数据模型的OLS估计结果

变量	Model（1）	Model（2）	Model（3）	Model（4）
	lnGVC	lnGVC	lnGVC	lnGVC
ln$OFDI$	0.204 *** （-4.14）	0.159 *** （-5.04）	0.185 *** （-3.33）	0.202 ** （-2.47）
lnEXM	0.098 （-1.38）		-0.375 （-1.15）	-0.965 （-1.63）
ln$perGDP$	0.241 （-0.93）		0.489 （-0.63）	0.387 （-0.44）
lnOIL	0.124 （-0.57）		0.334 （-1.42）	2.181 （-0.94）
2004. year				0 （.）
2005. year				-0.493 （-0.70）
2006. year				-0.327 （-0.34）
2007. year				-0.396 （-0.37）

续表

变量	Model（1）	Model（2）	Model（3）	Model（4）
	lnGVC	lnGVC	lnGVC	lnGVC
2008. year				-0.836 （-0.50）
2009. year				-0.288 （-0.40）
2010. year				-0.735 （-0.63）
2011. year				-1.402 （-0.76）
2012. year				-1.379 （-0.74）
2013. year				-1.289 （-0.72）
2014. year				-0.893 （-0.59）
2015. year				0.259 （-0.87）
2016. year				0.49 （-1.02）
2017. year				0 （.）
_cons	2.615 （-0.74）	8.533*** （-24.83）	10.546 （-1.14）	18.185 （-1.62）
N	126	126	126	126
r2_a	0.393	0.116	0.127	0.086
WaldF				
WaldP				
t statistics in parentheses				

注：括号内为回归系数的 t 统计值：***、**、* 分别代表 1%、5%、10% 的显著性水平。Sargan 检验原假设为"模型过度约束正确"，若检验结果 p 值大于 0.1，说明原假设被接受，即说明模型设定正确。

资料来源：笔者计算。

表 7 - 7 是中国在高铁强国九个国家对外直接投资对中国高铁关键设备及零部件全球价值链地位的静态面板数据 OLS 估计结果。实证结果表明，中国对外直接投资能够显著提升中国高铁产业关键设备及零部件的全球价值链地位水平。如 Model（2）所示，只单独考虑对外直接投资一个变量对高铁关键设备及零部件全球价值链地位的影响时，体现出在 1% 显著水平上，对外直接投资对中国高铁产业关键设备及零部件全球价值链地位的提升十分显著。Model（1）、Model（3）、Model（4）对外直接投资对全球价值链地位的影响同样显著。如 Model（1）实证结果所示，对外直接投资在 1% 显著性水平下提升中国高铁产业关键设备及零部件全球价值链地位 0.204 个百分点，该结果印证了对外直接投资促进了中国高铁产业关键设备及零部件出口技术结构的改善。如 Model（3）和 Model（4）实证结果所示，对外直接投资在 1% 和 5% 显著性水平下提升中国高铁产业关键设备及零部件全球价值链地位 0.185 个百分点和 0.202 个百分点。

最后，对高铁强国动态面板数据模型（7 - 2）进行 GMM 检验，估计结果如表 7 - 8 所示。

表 7 - 8　在高铁强国动态面板数据模型的 GMM 估计结果

变量	Model（1）	Model（2）	Model（3）	Model（4）
	lnGVC	lnGVC	lnGVC	lnGVC
L. lnGVC	0.250 ***	0.251 ***	0.211 **	0.290 ***
	（ - 3.7）	（ - 3.39）	（ - 2.55）	（ - 3.52）
ln $OFDI$	0.084 ***	0.068	0.085	0.094
	（ - 3.12）	（ - 1.45）	（ - 1.41）	（ - 1.31）
ln EXM		0.119	- 0.17	- 0.201
		（ - 0.27）	（ - 0.31）	（ - 0.35）
ln $perGDP$			1.060 *	0.396
			（ - 1.87）	（ - 0.63）

续表

变量	Model（1）	Model（2）	Model（3）	Model（4）
	lnGVC	lnGVC	lnGVC	lnGVC
ln *OIL*				0.214
				（－1.45）
_ cons	6.810***	4.123	－0.066	5.933
	（－8.04）	（－0.43）	（－0.01）	（－0.52）
N	108	108	108	108
Sargan 统计量	3.999439	4.969572	2.129346	2.721468
	（1）	（1）	（1）	（1）
AR（2）统计量	－0.46525	－0.44479	－0.61792	－0.45902
	（0.6418）	（0.6565）	（0.5366）	（0.6462）
r2_ a				
WaldF				
WaldP				
tstatistics in parentheses				

注：括号内为回归系数的 t 统计值：***、**、*分别代表1%、5%、10%的显著性水平。Sargan 检验原假设为"模型过度约束正确"，若检验结果 p 值大于0.1，说明原假设被接受，即说明模型设定正确。

资料来源：笔者计算。

表7-8为中国在高铁强国九个国家对外直接投资对中国高铁关键设备及零部件全球价值链地位的静态 OLS 估计结果。实证结果表明，中国对外直接投资能显著提升中国高铁关键设备及零部件的全球价值链地位。如 Model（2）所示，只单独考虑对外直接投资一个变量对高铁关键设备及零部件全球价值链地位的影响时，体现出对外直接投资在对中国全球价值链地位的提升十分显著，在1%显著水平上，对外直接投资能显著提高中国高铁关键设备及零部件的技术水平。Model（1）、Model（3）、Model（4）对外直接投资对全球价值链地位的影响同样显著。如 Model（1）实证结果所示，对外直接投资在1%显著性水平下提升中国高产业关键设备及零部件全球价值链地位0.250个百分点，该结果印证了对外直接投资促进了中国出口贸易技术结构的改善。如

Model（3）和 Model（4）实证结果所示，对外直接投资在 5% 和 1% 显著性水平下提升中国高铁产业关键设备及零部件全球价值链地位 0.211 个百分点和 0.290 个百分点。

7.4　本章小结

本章基于中国高铁产业九类关键设备及零部件 2004～2017 年的出口数据，采用静态面板数据和动态面板数据模型，考察中国在"一带一路"沿线国家的对外直接投资和中国在高铁强国的对外直接投资，对中国高铁产业关键设备及零部件全球价值链地位的影响是否显著。研究结果表明：

（1）对"一带一路"沿线国家来讲，静态面板数据模型回归结果和动态面板数据模型回归结果均不显著。中国在"一带一路"沿线国家的对外直接投资不能显著提高中国高铁产业关键设备及零部件的全球价值链地位，即便考虑存在投资效应滞后的因素后，其对外直接投资也不能显著提高中国高铁关键设备及零部件的全球价值链地位，不能显著改善中国高铁关键设备及零部件出口产品的技术结构。

（2）对高铁强国来讲，静态面板数据模型回归结果和动态面板数据模型回归结果均显著。中国在高铁强国的对外直接投资能够显著提高中国高铁产业关键设备及零部件的全球价值链地位，在投资滞后期依然能够显著影响全球价值链地位，能够显著改善中国高铁产业关键设备及零部件出口产品的技术结构。

（3）对"一带一路"沿线国家来讲，中国高铁产业关键设备及零部件是市场寻求型对外直接投资。对高铁强国来讲，中国高铁产业关键设备及零部件既是市场寻求型，更是技术寻求型对外直接投资。而对高铁产业关键设备及零部件这样的先进制造业来说，单靠对外直接投资并不能增强投资对象市场的国际竞争力，在技术更强的国际市场加大直接对外投资，能够寻求更多的本领域或相关领域合作机会，能够提高类似中国高铁这样的中国先进制造业技术水平。

本章基于上述研究结论提出以下五点重要政策启示：

（1）加强中国对高铁强国的直接对外投资。特别是有针对性地对高铁某一类关键设备及零部件实现直接对外投资，关注欧美有潜力的高铁装备制造企业，特别是创新型小企业的先进技术，力争实现技术并购或专利购买。

（2）中国与欧洲发达国家比较，在基础研究领域的差距仍然很大，客观地分析，未来十年内很难实现"卡脖子"关键技术的赶超。因此，高铁产业要提高创新能力和国际管理水平，寻求对欧美高铁强国的对外直接投资，需要中国政府的政策支持。

（3）拓展与欧洲非核心成员国的高铁产业技术合作，这些欧洲国家的关键技术水平并不像核心国家那样先进，并且受世界经济环境和国内有限财政资源的影响，这些国家需要中国市场，需要与中国进行更多的贸易往来，并且有的国家处于制造业全球价值链上移困境。因此，中国高铁产业以及其他先进制造业企业有机会在欧洲非核心国家寻求对待直接投资，提高以中国高铁关键设备及零部件为代表的先进制造业关键技术水平和全球价值链地位。

（4）扩大"一带一路"沿线国家的高铁市场，不局限于直接对外投资这一种方式。适当选择与高铁强国不同的投资方式，积极参与"一带一路"沿线国家轨道交通项目建设，与新加坡、马来西亚等轨道交通装备较为先进的国家，寻求技术合作，共性技术的提高有助于高铁关键设备及零部件专业技术水平的提高，最大限度地保证中国高铁关键设备及零部件全球价值链地位的提升，并试图拓展轨道交通装备的国际竞争力。

（5）探索与"一带一路"轨道交通装备强国相关领域的共性技术研究。通过高铁产业，实现中国与"一带一路"沿线国家旅游、商贸间的往来，使经济深度交流，有助于除高铁装备以外的高铁产业的快速发展。

第8章　结论与建议

8.1　主要结论

8.1.1　中国高铁产业关键设备及零部件国际竞争力整体实力较强

中国高铁产业关键设备及零部件国际竞争力的综合实力较强，但一些关键设备及零部件的竞争力相对较弱。中国高铁产业关键设备及零部件国际竞争力最强的是钩、联结器、缓冲器及零部件、交通管理设备及零部件和电力机车，而空气制动器及零部件、驾驶转向架、其他转向架、维修或服务车的国际竞争力较弱，这与行业层面高铁关键设备及零部件的全球价值链地位低相一致。高铁关键设备及零部件国际竞争力的提高，要有个目标对象来追赶。电力机车中国主要学习和借鉴德国；维修或服务车、驾驶转向架主要学习和借鉴奥地利；其他转向架主要学习和借鉴瑞士和德国；轴、轮及零部件主要学习和借鉴美国、日本和意大利；空气制动器及零部件主要学习和借鉴德国；其他制动器及零部件主要学习和借鉴美国和法国；钩、联结器、缓冲器及零部件主要学习和借鉴德国；交通管理设备及零部件主要学习和借鉴德国和西班牙。欧美高铁强国并不是每类关键设备及零部件的国际竞争力都强，都是各有所长。因此，中国并不一定每类关键设备及零部件都追求世界领先。

8.1.2　中国高铁产业关键设备及零部件全球价值链地位较低

虽然中国高铁的世界影响力不断扩大，但是，中国高铁产业关键设备及零部件的全球价值链地位较低。与高铁强国比较，中国高铁产业关键设备及零部件整体的全球价值链地位最低，但是中国高铁发展阶段的全球价值链地位明显高于起步阶段，发展阶段的国际竞争力也高于起步阶段。人均国内生产总值（GDP）对出口技术复杂度的测度值大小不能起决定性作用，国家经济发达程度不能决定全球价值链地位的高低。比较出口技术复杂度是高铁关键设备及零部件全球价值链地位高低的重要影响因素。中国高铁产业关键设备及零部件全球价值链地位较高的是电力机车和轴、轮及零部件，并且在中国高铁发展阶段关键设备及零部件的全球价值链地位高于起步阶段。有别于传统认识，认为美国、德国、日本等高铁强国的关键设备及零部件全球价值链地位一定强的固化思维，实际上，高铁关键设备及零部件制造强国是奥地利，制动系统、转向架系统和维修或服务车的绝对优势均掌握在奥地利手中。

8.1.3　中国高铁产业关键设备及零部件在"一带一路"沿线国家具有竞争优势

尽管"一带一路"沿线国家的高铁项目还在建设中，但是，中国高铁产业早已实现"走出去"的步伐，支持世界铁路规划项目的建设，特别是参与泛亚铁路建设。在中国高铁发展阶段，中国对七个"一带一路"沿线国家出口九类高铁关键设备及零部件，尽管目前"一带一路"沿线国家的铁路建设有的部分时速是 160 千米，还没有达到中国高铁标准时速 200 千米以上，但是中国应有对"一带一路"沿线铁路既有线路提速和改造的前瞻目光，应继续拓展在"一带一路"实现中国高铁关键设备及零部件的投入使用。高铁关键设备及零部件常规组件多数是通过普速铁路关键设备及零部件技术积累而发明创造出来的，高铁关键设备及零部件的运行能力可以小于设计能力，若不考虑制造成本、运行成本等因素，高铁关键设备及零部件是可以应用于普速铁路的。在中国高铁起步阶段，对"一带一路"沿线国家出口的高铁关键设备及零部件相当一部分被用于普速铁路或轨道交通装备，中国高铁能够在现阶段顺利实现"走出去"，这与高铁起步阶段重视对"一带一路"沿线国家关键设备及零部件的出口是分不开的。

在这七个"一带一路"沿线国家中，中国高铁产业关键设备及零部件在新加坡的全球价值链地位处于第一梯队；在马来西亚的全球价值链地位处于第二梯队；在泰国和土耳其的全球价值链地位处于第三梯队；在印度尼西亚、越南和印度的全球价值链地位处于第四梯队。中国高铁产业关键设备及零部件在"一带一路"沿线国家中的新加坡、马来西亚和泰国的国际竞争力较强。按关键设备及零部件九个类别来看，轴、轮及零部件，钩、联结器、缓冲器及零部件，交通管理设备及零部件以及电力机车在"一带一路"沿线国家的全球价值量地位较高，国际竞争力强。而空气制动器及零部件、其他制动器及零部件、维修或服务车、驾驶转向架、其他转向架在"一带一路"沿线国家的全球价值链地位小，国际竞争力较小。轴、轮及零部件，钩、联结器、缓冲器及零部件，交通管理设备及零部件在新加坡具有国际竞争优势；轴、轮及零部件，驾驶转向架，其他转向架，维修或服务车，交通管理设备及零部件，电力机车在马来西亚具有国际竞争优势；轴、轮及零部件，空气制动器及零部件，其他制动器及零部件，其他转向架，交通管理设备及零部件、电力机车在泰国具有国际竞争优势。

8.1.4 中国高铁产业关键设备及零部件在高铁强国竞争优势凸显

中国与其他九个高铁强国进行比较，高铁关键设备及零部件整体的全球价值链地位较低。中国在九个高铁强国的关键设备及零部件全球价值链地位有所不同，总体来讲，中国在高铁强国的关键设备及零部件全球价值链地位高于在"一带一路"沿线国家的全球价值链地位。在法国的全球价值链地位处于第一梯队；在美国和加拿大的全球价值链地位处于第二梯队；在日本和德国的全球价值链地位处于第三梯队；在意大利、西班牙、瑞士和奥地利的全球价值链地位处于第四梯队。按关键设备及零部件九个类别来看，轴、轮及零部件，钩、联结器、缓冲器及零部件，交通管理设备及零部件以及电力机车在高铁强国的全球价值量地位较高，国际竞争力较强。而空气制动器及零部件、其他制动器及零部件、维修或服务车、驾驶转向架、其他转向架在高铁强国的全球价值链地位小，国际竞争力较弱，这与在"一带一路"沿线国家全球价值链地位中得出的结论相似，即全球价值链地位高的关键设备及零部件在高铁强国和"一带一路"沿线国家都高于其他类别。在法国，中国高铁九类关键设备及零部件中几乎全部类别具有国际竞争优势；在美国，轴、轮及零部件，驾驶转向架，其他转向架，交通管理设备及零部件，空气制动器及零部件，其他制动器及零部件，钩、联结器、缓冲器及零部件具有国际竞争优势；在加拿大，轴、轮及零部件，钩、联结器、缓冲器及零部件，空气制动器及零部件，交通管理设备及零部件具有国际竞争优势。中国在德国的关键设备及零部件全球价值链地位数值较为连续且波动幅度小，在高铁强国的全球价值链地位数值波动幅度普遍小于"一带一路"沿线国家。中国高铁关键设备及零部件国际竞争力最弱项为驾驶转向架、空气制动器以及维修或服务车，在奥地利和瑞士也有较小的市场空间，并且集中在某一年并不连续，这一关键设备及零部件要实现全球价值链地位的赶超还需要很长的时间积累和技术积累。中国高铁其他转向架的全球价值链地位在发展阶段明显增强，并且电力机车这一产品在国际市场具有很强的国际竞争力，在日本的使用率最高。这两类关键设备及零部件的发展历程值得总结经验，是中国高铁产业关键设备及零部件实现自主创新的典型代表。

8.1.5　在高铁强国的对外直接投资有利于中国高铁产业关键设备及零部件全球价值链地位的提升

中国在"一带一路"沿线国家的对外直接投资不能显著提高中国高铁关键设备及零部件的全球价值链地位，即便考虑存在投资效应滞后的因素后，其对外直接投资也不能显著提高中国高铁关键设备及零部件的全球价值链地位，不能显著改善中国高铁产业关键设备及零部件出口产品的技术结构。中国在高铁强国的对外直接投资能够显著提高中国高铁产业关键设备及零部件的全球价值链地位，在投资滞后期依然能够显著影响全球价值链地位，能够显著改善中国高铁产业关键设备及零部件出口产品的技术结构。对"一带一路"沿线国家来讲，中国高铁产业关键设备及零部件是市场寻求型对外直接投资。对于高铁强国来讲，中国高铁产业关键设备及零部件既是市场寻求型，也是技术寻求型对外直接投资。而对于高铁产业关键设备及零部件这样的先进制造业来说，单靠对外直接投资并不能增强投资对象市场的国际竞争力，在技术更强的国际市场加大直接对外投资，能够寻求更多的本领域或相关领域合作机会，能够提高类似中国高铁这样的中国先进制造业技术水平。

8.1.6　高铁装备的国内需求是促进"双循环"平衡发展的主要动力

中国高铁装备国产化率提升，是解决高铁关键设备及零部件关键技术水平提高的必由之路，申请高铁装备发明专利是中国高铁产业关键设备及零部件水平提升的产权保障，是建立高铁装备世界标准的必由之路。高铁关键设备及零部件的国内需求是高铁产业乃至高铁经济内循环的主要支撑力量。高铁装备内循环的有序进行才能为中国高铁装备外循环提供有利的环境和保障。

8.2 对策建议

纵观当下，世界正处于百年未有之大变局，国内外形势深刻变化、国际竞争日益激烈，我国高铁产业发展同样面临前所未有的挑战。如何提升中国高铁关键设备及零部件的技术水平，是突破高铁产业发展瓶颈的重中之重，是中国高铁产业实现高质量发展、提升全球价值链地位、赢得国际市场竞争力的关键所在。

8.2.1 以市场为导向，制定关键设备及零部件高质量发展战略

中国高铁产业关键设备及零部件发展战略的制定总体上应该以市场为导向，瞄准国内国际两个市场，构建"双循环"市场战略。首先要充分重视和发挥市场的基础性乃至决定性作用①，发挥中国制度优势，集中国家、行业和企业的优质资源，实行集中攻关，形成良好的发展生态，重点攻克中国高铁关键设备及零部件的短板，争取尽快突破瓶颈，将关键核心建设牢牢掌握在自己手中，赢得市场竞争的主动权。同时，要根据国际市场的竞争态势与环境变化，加快制定中国高铁产业关键技术路线图，聚焦高铁关键设备及零部件"卡脖子"问题，明确关键设备及零部件的突破方向和创新目标，实施高铁产

---

① 黄阳华，吕铁. 深化体制改革中的产业创新体系演进——以中国高铁技术赶超为例［J］. 中国社会科学，2020（5）：65-85，205-206.

业关键设备及零部件高质量发展战略。为此，要开放策略和创新驱动策略并举，协同各种创新力量，建立国内国际技术联盟，加快研发资源共享的海内外研发中心建设，借助各类技术研发平台，培育关键核心技术自主创新能力，通过整合创新主体，集中资源实现关键核心技术和关键设备及零部件领域的突破①。总之，中国高铁产业关键设备及零部件发展要走出一条集约发展、质量发展、智慧发展、创新发展、开放发展、共享发展、绿色发展之路。

8.2.2　推动关键核心技术集成创新，实施关键设备及零部件跨越式发展

集成创新是将创新要素经过主动的优化、选择搭配，相互之间以最合理的结构形式结合在一起，形成一个由适宜要素组成的、相互优势互补、匹配的有机体，从而使有机体的整体功能发生质的跃变的一种自主创新过程②。在这个过程中，我们也必须意识到关键核心技术是多种多样的，既有关键性的核心技术，也有辅助性外围技术，要做到"有所为，有所不为"。特别是对于高铁关键设备及零部件来讲，本身就是一个复杂的技术产品体系，其关键设备及零部件技术产品是需要集成拥有与产品相关的关键核心技术。必须清醒地认识到中国高铁产业发展历史相对比较短，其关键设备及零部件的全球价值链地位和国际竞争力与高铁强国相比尚存在明显差距，要想实现跨越式提升，就必须采取集成式创新策略。通过实施强有力的产业政策，进行合理的产业布局，在发挥国有企业主导作用的同时，激发民营企业的积极参与，实现跨区域、跨部门、跨所有制的集成创新机制，不断完善投融资体系，健全开展集成式创新，以突破国际上的技术封锁，加快形成市场竞争力，从而提升中国产品的全球价值链地位和国际市场竞争力。

---

① 毛蕴诗，徐向龙，陈涛. 基于核心技术与关键零部件的产业竞争力分析——以中国制造业为例［J］. 经济与管理研究，2014（1）：64－72.

② 张春莉. 中国高铁引进之路［N］. 人民网，2008－09－02.

8.2.3 加速科技与产业深度融合，实现关键设备及零部件品牌化进程

产业与科技深入融合发展是实现制造业高质量发展的根本路径。以云计算、大数据、互联网为代表的新一代信息技术日新月异，要重视信息技术革命对实体产业的推动作用。通过大力发展高技术含量的信息产业，着力突破核心芯片、智能传感器等一批关键核心技术，着力统筹推动高铁产业全产业链协作发展，形成上下游联动、共同促进的良好格局；要发展和延长高铁产业关键设备及零部件产业链，进一步整合与优化区域生产力布局，大力发展智能制造，以全面推进新一代技术在研发设计、生产制造、经营管理、市场营销、售后服务等产品全生命周期产业链全流程各环节的应用①。与此同时，为推动高铁产业在新时代实现高质量发展，必须实施结构性供给侧改革，为应对中国高铁产业品牌整体缺乏竞争力的问题，制定全方位的品牌发展战略。通过实施中国高铁产业品牌战略，提升关键技术的国际竞争力，争夺高铁国际话语权，力求在高铁关键设备及零部件核心技术、知识产权与高铁话语体系的整体上实现国际凝聚力，不断向"一带一路"沿线国家以及欧美等高铁强国宣传中国高铁精神、中国高铁价值、中国高铁文化。深入推进高铁外交战略，扩大海外市场，拓宽我国高铁产业国际竞争空间。积极参与高铁关键技术等领域的国际交流。特别是参与欧盟国家如奥地利、意大利、德国、法国等国家的国际交流会议，提高技术水平的同时，寻求关键设备及零部件合作研发与合作共赢的机会，广泛获得国际社会的认知度和赞誉度。

8.2.4 构建智能化研发平台，提升关键设备及零部件智能化水平

构建高铁产业智能化研发平台是新时代建设稳健、安全高铁产业关键设备

---

① 要突破一批制约产业高质量发展卡脖子关键技术［EB/OL］. https：//baijiahao. baidu. com/s? id = 1654155645594118115&wfr = spider&for = pc.

及零部件全产业链的关键。通过该平台建设将产业链上的关键参与者与相关成员企业联合起来，对高铁关键设备及零部件按项目寿命周期中不同阶段进行统筹规划，将科研院所、高等院校、相关研究机构、核心企业与关联企业组成研发联盟，以发挥组织资源共享和能力优势互补，以缩短研发周期，提高整体科研成果转化率。在集成目标与内部管理制度的约束下，将传统意义上的项目合同关系转化为新的、开放的、协作的合同环境，鼓励平台内部利益相关方进行合作开发。全产业链发展是集纵向一体化、横向一体化和紧密型多元化于一体的产业模式，通过全产业链的布局和优化，产品、企业和产业集群在产业链网络可以实现价值增值①。在整体研发项目上，当前，应着重进行关键设备及零部件一体化的智能检测、监测，即融合智能感知、机器视觉、大数据、深度学习，应用物联网、北斗、无人机、机器人等新技术，实现设备的检测、监测智能化，为关键设备及零部件智能化研发奠定基础；建立智能化的结构状态评估体系和方法，广泛应用云计算、物联网、大数据、人工智能、机器人、北斗卫星导航等新技术，从关键设备及零部件全生命周期角度出发，进行原创性的关键核心技术的研发，并为此建立综合的智能化创新体系。同时，要依托行业协会、专业机构、科研单位等建设一批专业化产业促进机构，强化研发设计、计量测试、标准认证、中试验证、检验检测、智能制造、产业互联网、创新转化等产业公共服务平台支撑，打造集技术转移、产业加速、孵化转化等于一体的高品质产业空间。在智能制造、绿色制造、工业互联网等领域培育一批解决方案供应商。支持有条件的集群聚焦新兴应用开展 5G、数据中心、人工智能、工业互联网、车联网、物联网等新型基础设施建设。

① 郑大庆，张赞，于俊府. 产业链整合理论探讨 [J]. 科技进步与对策，2011 (2).

8.2.5 深化供给侧结构性改革，完善关键设备及零部件研发创新体系

高铁产业关键设备及零部件国际市场竞争力的提高，必须有赖于市场体系的构建。首先，人力资本积累是中国制造业升级的主要影响因素①。高铁核心技术突破受制于创新型人才，从研发到运营，需要相关大量人才。借助全球高铁研发基地的设立，对高铁技术、运营服务发展进行深入的研究和探查，也为中国高铁的人才培养提供良好的支持。由于不同区域与环境背景下，高铁发展有不同的要求，要结合地区情况，进行研发中心设置，做好人才的梯度化、多层级化培养，使中国高铁在人才培养方面享有更高的话语权②。其次，构建立体的知识产权布局体系，防范风险。构建立体的知识产权布局体系是中国高铁防控知识产权风险的基础。中国高铁创新主体应当加大技术创新力度，拥有更多更高质量的知识产权，提升预防和控制知识产权风险能力。另外，加强高发性知识产权风险的监控，精准提升知识产权风险应对能力③。中国高铁实现关键技术的突破还需要做到对核心技术的整体水平予以提升；全球范围内的专利布局进行改善与持续优化，积极参与制定国际标准；在内外治理两个领域同时升级，政府要改革自身管理机制，为高铁行业价值链治理创造政策环境④，还要重视市场规律的作用，重视基础研究等。依托产业内优势产学研单位联合建设一批产业创新中心、工程研究中心、产业计量测试中心、质检中心、企业技术中心、标准创新基地、技术创新中心、制造业创新中心、产业知识产权运营

---

① 苏杭，郑磊，牟逸飞. 要素禀赋与中国制造业产业升级——基于 WIOD 和中国工业企业数据库的分析 [J]. 管理世界，2017 (4)：70 – 79.

② 林晓言，王梓利. 中国高铁全球价值链治理位势提升的理论与举措 [J]. 当代经济管理，2020，42 (5)：15 – 25.

③ 陈家宏，刘鑫. 影响中国高铁"走出去"的知识产权风险因素分析 [J]. 中国软科学，2019 (8)：31 – 40.

④ 林晓言，王梓利. 中国高铁全球价值链治理位势提升的理论与举措 [J]. 当代经济管理，2020，42 (5)：15 – 25.

中心等创新平台和重点地区承接产业转移平台，推动高铁关键设备及零部件产业链关键环节建设产业协同创新中心和产业研究院。

8.2.6　完善中国高铁自主创新体系，提高关键设备及零部件自主创新能力

历史和现实都证明，像中国这样一个后发的发展中大国，其关键核心技术必须牢牢掌握在自己手中。因此，中国高铁产业关键设备及零部件也必然需要通过构建自主创新体系来实现。第一，必须提升基础设施技术装备水平。通过推进设施数字化、智能化升级，完善无砟轨道结构体系和标准体系，优化服役性能品质，延长使用周期，提升无砟轨道紧急抢修、大修更换技术，推广应用自主先进的无砟轨道结构。第二，必须推进工电技术装备标准化、简统化。自主研发新型智能列控系统、智能牵引供电系统、智能综合调度指挥系统以及新一代铁路移动通信系统。第三，必须创新应用空天地一体化和智能化综合勘察设计装备技术。研发适应极复杂环境条件的超大、超深、超难工程建造装备技术，发展智慧工地等智能建造装备技术。第四，必须突破和掌握关键核心技术。面向世界高铁科技前沿，加强基础理论研究和关键核心技术攻关。第五，必须深化高铁关键核心技术自主创新，系统掌握智能高铁、智慧铁路关键硬核技术，推进信息系统、关键零部件、基础元器件及基础材料等核心关键技术自主化，实现自主安全可控。第六，必须加强可实现工程化、产业化的前沿技术研究，自主创新建立时速 400 千米及以上高速铁路技术标准、更快捷货运列车、更先进重载铁路等成套关键技术体系。第七，必须加强高速磁浮铁路系统前沿技术研究储备，积极跟踪低真空管（隧）道高速列车等技术发展动态。完善铁路科技创新体系。第八，必须发挥我国制度优势和市场优势，强化国铁集团的主导作用，完善以企业为主体、产学研用深度融合的高铁产业创新体系，健全科技创新和成果转化激励机制，完善科技创新投入保障机制，全面提升中国高铁产业关键设备及零部件自主创新能力。

8.2.7 发展产业集群，延伸关键设备及零部件产业链

充分发挥产业集群要素资源集聚、产业协同高效、产业生态完备、产业溢出效应大等优势，促进以高铁关键设备及零部件重点产业链、龙头企业、重大投资项目为核心的产业集群，形成上下游、产供销、大中小企业协同，加快推动高铁战略性新兴产业高质量发展，促进中国高铁产业关键设备及零部件自主创新的步伐，提高国际竞争力。在这个过程中，要着力扬优势、补短板、强弱项，加快适应、引领、创造新需求；推动重点关键设备及零部件产品的规模效应；要打造集聚发展高地，重点以突破关键核心技术为原则，有效集聚并合理配置资金、人才、信息等要素资源，实现关键核心技术攻关的效率最大化；要深化机制体制改革，优化营商环境，发挥科技创新中心、综合性国家科学中心创新资源丰富的优势，推动形成中国特色的高铁产业关键设备及零部件产业集群发展模式，释放市场活力，构建高铁产业集群梯次发展体系；要鼓励高铁产业集群内企业发展面向定制化应用场景的"产品+服务"模式，创新自主知识产权产品推广应用方式和可再生能源综合应用，壮大国内产业循环，并最终服务于"双循环"发展战略。要启动实施产业集群创新能力提升工程。围绕5G、人工智能、车联网、大数据、区块链、工业互联网等领域，率先在具备条件的集群内试点建设一批应用场景示范工程，定期面向特定市场主体发布应用场景项目清单，择优评选若干新兴产业应用场景进行示范推广，并给予应用方一定支持，增强产业集群创新引领力①。

①　工业和信息化部规划司：《四部门印发指导意见：扩大战略性新兴产业投资　培育壮大新增长点增长极》新华网，2020 年 9 月 8 日。

参考文献

［1］ Acemoglu Daron, Johnson S. et al. Reversal of Fortune ：Geography and Institutions in the Making of the Modern World Income Distribution ［J］ . Quarterly Journal of Economics, 2002 （11） ：1231 – 1241.

［2］ Agostino M. Giunta, A. Nugent, J. B. Scalera, D. Trivieri, F. The Importance of Being a Capable Supplier：Italian Industrial Firms in Global Value Chains ［J］ . International Small Business Journal, 2015, 33 （7）：708 – 730.

［3］ Balassa B. Trade Liberalization and Revealed Comparative Advantage ［J］ . Manchester School, 1965, 33 （2）：99 – 123.

［4］ Baldwin J. R. , Yan B. Global Value Chains and the Productivity of Canadian Manufacturing Firms ［M］ . Statistics Canada, 2014.

［5］ Ball D. A. , W. H. McCulloch et al. International Business：The Challenge of Global Competition ［M］ . McGraw – Hill / Irwin, 1999.

［6］ Chang S. H. Revealing Development Trends and Key 5G Photonic Technologies Using Patent Analysis ［J］ . Applied Sciences – Basel, 2019：2525.

［7］ Chavez Roberto, Yu Wantao, Jacobs Mark A. Data – driven Supply Chains, Manufacturing Capability and Customer Satisfaction ［J］ . Production Planning & Control, 2017, 28 (11 – 12): 906 – 918.

[8] Chien C. F., Lee C. Y., Huang Y. C., et al. An Efficient Computational Procedure for Determining the Container – loading Pattern [J]. Computers and Industrial Engineering, 2009, 56 (3): 965 – 978.

[9] David, Hummels. The Nature and Growth of Vertical Specialization in World Trade [J]. Journal of International Economics, 2001.

[10] Di Mauro F. The Impact of Economic Integration on FDI and Exports: A Gravity Approach [R]. CEPS Working Document, 2000.

[11] Frederix F. An Extended Enterprise Planning Methodology for the Discrete Manufacturing Industry [J]. European Journal of Operational Research, 2001, 129 (2): 317 – 325.

[12] Freeman R. B. One Ring to Rule Them All? Globalization of Knowledge and Knowledge Creation [R]. NBER Working Pager, 2003.

[13] Gereffi G. International Trade and Industrial Upgrading in the Apparel Commodity Chain [J]. Journal of International Cconomics, 1999, 48 (1): 37 – 70.

[14] Gereffi G., Humphrey J., Kaplinsky R. Introduction: Globalisation, Value Chains and Development [J]. IDS Bulletin, 2001, 32 (3): 1 – 8.

[15] Gereffi G., Korzeniewicz M. Commodity Chains and Global Capitalism [J]. Contemporary Sociology, 1995, 24 (3).

[16] Gereffi G., Korzeniewicz M. Commodity Chains and Global Capitalism [M]. Westport, CT: Praeger, 1994.

[17] Hausmann R., Hwang J., Rodrik D. What You Export Matters [J]. Journal of Economic Growth, 2006, 12 (1): 1 – 25.

[18] Hummels D., J. Ishii., Keimu Yi. The Nature and Growth of Vertical Specialization in World Trade [J]. Journal of International Economics, 2001, 54(1).

[19] Humphrey J. , Schmitz H. How does Insertion in Global Value Chains Affect Upgrading in Industrial Clusters? [J] . Regional Studies, 2002, 36 (9): 1017 - 1027.

[20] Johnson R. C. , Noguera G. Accounting for Intermediates: Production and Trade in Value Added [J] . Journal of International Economics, 2012, 86 (2): 224 - 236.

[21] Kaplinsky R. , Morris M. A Handbook for Value Chain Research [R] . Brighton: Institute of Development Studies, 2002.

[22] Kogut B. Designing Global Strategies: Comparative and Competitive Value Added Chains [J] . Sloan Management Review, 1985, 26 (4): 15 28.

[23] Koopman R. , Z Wang, S. J. Wei. Tracing Value - added and Double Counting in Gross Exports [J] . The American Economic Review, 2014, 104 (1) .

[24] Laplume André O. , Petersen B. , Pearce J. M. Global Value Chains from a 3D Printing Perspective [J] . Journal of International Business Studies, 2016, 47 (5): 595 - 609.

[25] Levchenko A. Institutional Quality and International Trade [J] . Review of Economic Studies, 2007, 4 (3): 791 - 819.

[26] Magalhaes M. A Panel Analysis of the FDI Impact on Internaational Trade [J] . NIPE - Working Paper Series 6, 2007.

[27] Menon S. , Shah S. , Countroubis A. An Overview of Smart Manufacturing for Competitive and Digital Global Supply Chains [C] . International Conference on Technology Management Operations and Decisions, 2018: 178 - 183.

[28] Michaely R. , Vila J. L. Trading Volume with Private Valuation: Evidence from the Ex - Dividend Day [J] . Review of Financial Studies, 1996, 9 (2): 471 - 509.

［29］MuellerJulian M., VoigtKai – Ingo. Sustainable Industrial Value Creation in SMEs: A Comparison between Industry 4.0 and Made in China 2025. International Journal of Precision Engineering and Manufacturing – Green Technology, 2018, 5 (5): 659 – 670.

［30］Porter M. The Competitive Advantage of Nations ［M］. New York: The Free Press, 1998.

［31］Prahalad C. K., G. Hamel. The Core Competence and the Corporation ［J］. Harvard Business Review, May – June, 1990: 71 – 91.

［32］Ray Y. Zhong, Xun Xu, Eberhard Klotz, Stephen T. Newman. Intelligent Manufacturing in the Context of Industry 4.0: A Review ［J］. Engineering, 2017, 3 (5): 96 – 127.

［33］Rodrik D. Harvard University the Real Exchange Rate and Economic Growth ［J］. Brookings Papers on Economic Activity, 2008 (fall): 365 – 439.

［34］Roh J., Hong P., Min H. Implementation of a Responsive Supply Chain Strategy in Global Complexity: The Case of Manufacturing Firms ［J］. International Journal of Production Economics, 2014, 147 (1): 198 – 210.

［35］Sanjaya Lall. The Pattern of Intra – firm Exports by U. S. Multinationals ［J］. Oxford Bulletin of Economics and Statistics, 1978 (40): 22 – 29.

［36］Schott P. K. The Relative Sophistication of Chinese Exports ［J］. Economic Policy, 2008, 23 (53): 5 – 49.

［37］Sheu C., Yen H. R., Chae D. Determinants of Supplier – retailer Collaboration: Evidence from an International Study ［J］. International Journal of Operations and Production Management, 2006, 26 (1): 24 – 49.

［38］Swafford P. M., Ghosh S., Murthy N. Achieving Supply Chain Agility through IT Integration and Flexibility ［J］. International Journal of Production Economics, 2008, 116 (2): 288 – 297.

[39] Syefano Ponte, Joachim Ewert. Which Way is "Up" in Upgrading? Trajectories of Change in the Value Chain for South African Wine [J]. World Development, 2009, 37 (10): 1637 – 1650.

[40] TaoFei, ChengJiangfeng, Cheng Ying. SDM Sim: A Manufacturing Service Supply – demand Matching Simulator under Cloud Environment [J]. Robotics and Computer – Integratel Manufacturing, 2017 (45): 34 – 46.

[41] Timmer M. P., Erumban A. A., Los B., Stehrer R., & de Vries G. Slicing up Global Value Chains [J]. Journal of Economic Perspectives, 2014, 28 (2): 99 – 118.

[42] UNIDO. Industrial Development Report 2002/2003: Competing through Innovation and Learning [R]. United Nations Industrial Development Organization, 2003.

[43] Wei Feng, Liu Sifeng, Yin Lijun. Research on Performance Evaluation System for Green Supply Chain Management Based on the Context of Recycled Economy – Taking Guangxi's Manufacturing Industry as Example [J]. Journal of Grey System, 2014, 26 (2): 177 – 187.

[44] Wu J. Z., Chien C. F., Gen M. Coordinating Strategic Outsourcing Decisions for Semiconductor Assembly using a Bi – objective Genetic Algorithm [J]. International Journal of Production Research, 2012, 50 (1): 235 – 260.

[45] Yang Y., Yang B., Humphreys P., et al. An Investigation into E – business Service in the UK Telecommunication Manufacturing Industry [J]. Production Planning & Control, 2017, 28 (3): 256 – 266.

[46] Yubao Chen. Integrated Intelligent Manufacturing—Prospect and Driving Force [J]. Engineering, 2017, 3 (5): 36 – 52.

［47］Zhang F. , Gallagher K. S. Innovation and Technology Transfer through Global Value Chains: Evidence from China's PV Industry ［J］. Energy Policy, 2016 (94): 191 – 203.

［48］Zhang Yingfeng, Ma Shuaiyin, Yang Haidong. A Big Data Driven Analytical Framework for Energy – intensive Manufacturing Industries ［J］. Journal of Cleaner Production, 2018 (197): 57 – 72.

［49］이승제; 한필구; Byung – Goo, Kang. The Effect of Collaboration and Organization's Performance Depending on the Partnership by Information Technology Using Level: Key Subject is Moderating Variable of Information Technology Using Level ［J］. Information Systems Review. 2009: 67 – 90.

［50］安江林. 论我国核能开发利用的基本阶段、重点领域和安全保障 ［J］. 南华大学学报（社会科学版）, 2016, 17 (2): 13 – 20.

［51］陈爱贞. 全球竞争下装备制造业技术创新路径: 基于分工网络视角分析 ［J］. 南京大学学报（哲学·人文科学·社会科学版）, 2013, 50 (3): 15 – 24, 158.

［52］陈安娜. 我国高铁"走出国口"的机遇与挑战 ［J］. 商业时代, 2014 (17): 127 – 129.

［53］陈宏, 杨柳婧. 中国制造业发展的关键在于技术创新 ［J］. 经济与管理, 2008 (2): 75 – 78.

［54］陈家宏, 刘鑫. 影响中国高铁"走出去"的知识产权风险因素分析 ［J］. 中国软科学, 2019 (8): 31 – 40.

［55］陈能军, 史占中. 5G 时代的数字创意产业: 全球价值链重构和中国路径 ［J］. 河海大学学报（哲学社会科学版）, 2020, 22 (4): 43 – 52, 107.

［56］陈佩虹, 王稼琼. 中国铁路建筑企业国际化发展策略研究 ［J］. 生产力研究, 2009 (10): 101 – 102.

［57］陈秀英，刘胜．国际研发合作对全球价值链分工地位的影响——基于吸收能力的门槛效应［J］．首都经济贸易大学学报，2020，22（4）：25 – 35．

［58］陈艺毛，李春艳，杨文爽．我国制造业国际分工地位与产业升级分析——基于增加值贸易视角［J］．经济问题，2019（5）：105 – 114．

［59］成祖松．中国高技术产业升级的"双链"驱动研究［J］．学习与实践，2019（1）：29 – 39．

［60］程家瑜，张俊祥．我国重点高技术领域关键技术发展水平分析［J］．中国科技论坛，2007（1）：13 – 16．

［61］程凯，杨逢珉　进口中间品质量升级与制造业全球价值链攀升［J］．广东财经大学学报，2020（5）：35 – 47．

［62］程鹏，柳卸林，陈傲，何郁冰．基础研究与中国产业技术追赶——以高铁产业为案例［J］．管理评论，2011，23（12）：46 – 51．

［63］崔锋．中国高铁产业国际竞争力评价研究［D］．南京：东南大学，2016．

［64］戴翔．服务贸易出口技术复杂度与经济增长——基于跨国面板数据的实证分析［J］．南开经济研究，2011（3）：57 – 68．

［65］戴翔．新冠肺炎疫情下全球价值链重构的中国机遇及对策［J］．经济纵横，2020（6）：71 – 79，2．

［66］邓洲．促进人工智能与制造业深度融合发展的难点及政策建议［J］．经济纵横，2018（8）：41 – 49．

［67］邓洲．制造业与服务业融合发展的历史逻辑、现实意义与路径探索［J］．北京工业大学学报（社会科学版），2019，19（4）：61 – 69．

［68］董艳梅，朱英明．高铁建设能否重塑中国的经济空间布局——基于就业、工资和经济增长的区域异质性视角［J］．中国工业经济，2016（10）：92 – 108．

[69] 杜传忠，杜新建. 第四次工业革命背景下全球价值链重构对我国的影响及对策 [J]. 经济纵横，2017（4）：110-115.

[70] 樊纲，关志雄，姚枝仲. 国际贸易结构分析：贸易品的技术分布 [J]. 经济研究，2006（8）：70-80.

[71] 房建奇，沈颂东，亢秀秋. 大数据背景下制造业转型升级的思路与对策研究 [J]. 福建师范大学学报（哲学社会科学版），2019（1）：21-27，168.

[72] 冯立杰，李阳光，岳俊举等. 基于多维技术创新地图维法耦合的技术创新路径构建及实例分析 [J]. 技术经济，2017，36（8）：18-23.

[73] 冯灵，余翔，张军荣. 基于专利信息的高铁技术机会分析 [J]. 情报杂志，2015，34（12）：95-100.

[74] 高波，余素霞. CAS 视角下创新成功率与创新周期对两类创新模式的影响 [J]. 科技进步与对策，2019，36（6）：1-10.

[75] 高德步，王庆. 产业创新系统视角下的中国高铁技术创新研究 [J]. 科技管理研究，2020，40（12）：1-9.

[76] 龚静，盛毅，袁鹏. 制造业服务化与企业出口国内附加值率——基于制造企业微观数据的实证分析 [J]. 山西财经大学学报，2019，41（8）：57-70.

[77] 谷军健，赵玉林. 金融发展如何影响全球价值链分工地位？——基于与科技创新协同的视角 [J]. 国际金融研究，2020（7）：35-44.

[78] 顾夏铭，陈勇民，潘士远. 经济政策不确定性与创新——基于我国上市公司的实证分析 [J]. 经济研究，2018，53（2）：109-123.

[79] 郭本海，陆文茜，王涵等. 基于关键技术链的新能源汽车产业政策分解及政策效力测度 [J]. 中国人口·资源与环境，2019（8）：76-86.

[80] 郭朝先. 产业融合创新与制造业高质量发展 [J]. 北京工业大学学报（社会科学版），2019，19（4）：49-60.

［81］郭湖斌，邓智团．新常态下长三角区域经济一体化高质量发展研究
［J］．经济与管理，2019，33（4）：22－30．

［82］何华武．中国高速铁路创新与发展［J］．中国铁路，2010（12）：
5－8．

［83］何尚．世界铁路发展的第三次浪潮［J］．中国报道，2010（12）：
46－47．

［84］何施，黄科舫，吕鹏辉．我国高端装备制造业关键材料科技成果计
量分析［J］．情报杂志，2013，32（2）：57－61．

［85］何义彬．"中国—中亚 西亚经济走廊"全球价值链升级驱动因素
分析［J］．亚太经济，2019（3）：13－25．

［86］何文剑，苗妙，张红霄．制度环境、企业家精神配置与企业绩
效——来自中国制造业上市公司的经验证据［J］．山东大学学报（哲学社会
科学版），2019（4）：40－54．

［87］洪世勤，刘厚俊．出口技术结构变迁与内生经济增长：基于行业数
据的研究［J］．世界经济，2013，36（6）：79－107．

［88］洪勇，苏敬勤．发展中国家核心产业链与核心技术链的协同发展研
究［J］．中国工业经济，2007（6）：38－45．

［89］胡大立．企业竞争力决定因素及其形成机理分析［M］．北京：经
济管理出版社，2005．

［90］黄灿，林桂军．全球价值链分工地位的影响因素研究：基于发展中
国家的视角［J］．国际商务（对外经济贸易大学学报），2017（2）：5－15．

［91］黄光灿，王珏，马莉莉．全球价值链视角下中国制造业升级研
究——基于全产业链构建［J］．广东社会科学，2019（1）：54－64．

［92］黄先海，杨高举．中国高技术产业的国际分工地位研究：基于非
竞争型投入占用产出模型的跨国分析［J］．世界经济，2010，33（5）：82－

100.

　　[93] 黄阳华，吕铁．深化体制改革中的产业创新体系演进——以中国高铁技术赶超为例 [J]．中国社会科学，2020 (5)：65 - 85, 205 - 206.

　　[94] 黄永春，李倩．GVC 视角下后发国家扶持新兴产业赶超的政策工具研究——来自中、韩高铁产业赶超案例的分析 [J]．科技进步与对策，2014 (18)：119 - 124.

　　[95] 黄玉霞，谢建国．垂直专业化分工与服务业全要素生产率——基于中国服务业分行业的实证研究 [J]．财经论丛，2019 (5)：3 - 12.

　　[96] 季良玉．技术创新路径与中国制造业产业集约化发展 [J]．山西财经大学学报，2017, 39 (6)：51 - 63.

　　[97] 贾根良，楚珊珊．中国制造愿景与美国制造业创新中的政府干预 [J]．政治经济学评论，2019, 10 (4)：88 - 107.

　　[98] 江鸿，石云鸣．共性技术创新的关键障碍及其应对——基于创新链的分析框架 [J]．经济与管理研究，2019, 40 (5)：74 - 84.

　　[99] 江小国，张婷婷．环境规制对中国制造业结构优化的影响——技术创新的中介效应 [J]．科技进步与对策，2019, 36 (7)：68 - 77.

　　[100] 蒋冠宏，蒋殿春．中国对外投资的区位选择：基于投资引力模型的面板数据检验 [J]．世界经济，2012, 35 (9)：21 - 40.

　　[101] 金碚，李钢，陈志．加入 WTO 以来中国制造业国际竞争力的实证分析 [J]．中国工业经济，2006 (10)：5 - 14.

　　[102] 金碚．中国工业国际竞争力——理论、方法与实证研究 [M]．北京：经济管理出版社，1997.

　　[103] 金钰莹，叶广宇，彭说龙．中国制造业与服务业全球价值链地位 GVC 指数测算 [J]．统计与决策，2020 (18)：95 - 98.

　　[104] 荆林波，袁平红．全球价值链变化新趋势及中国对策 [J]．管理

世界，2019，35（11）：72-79.

［105］兰凤崇，骆济焕，陈吉清等.车用动力电池关键材料技术及发展趋势研究［J］.科技管理研究，2019，39（12）：117-123.

［106］李波，梁双陆.信息通信技术、信息化密度与地区产业增长——基于中国工业数据的经验研究［J］.山西财经大学学报，2017，39（9）：58-71.

［107］李敦瑞.国内外产业转移对我国产业迈向全球价值链中高端的影响及对策［J］.经济纵横，2018（1）：123-128.

［108］李静，许家伟.全球价值链重构演变趋势与我国的对策——基于供给侧结构性改革的视角［J］.江淮论坛，2017（5）：46-50，88.

［109］李琳，王足.我国区域制造业绿色竞争力评价及动态比较［J］.经济问题探索，2017（1）：64-71，81.

［110］李瑞，李北伟，李扬.地方智库协同创新模式选择与实现路径［J］.情报杂志，2019，38（8）：82-89.

［111］李少波，陈永前.大数据环境下制造业关键技术分析［J］.电子技术应用，2017，43（2）：18-21，25.

［112］李欣泽，纪小乐，周灵灵.高铁能改善企业资源配置吗？——来自中国工业企业数据库和高铁地理数据的微观证据［J］.经济评论，2017（6）：3-21.

［113］李政，任妍.中国高铁产业赶超型自主创新模式与成功因素［J］.社会科学辑刊，2015（2）：85-91.

［114］梁栩凌，聂铁力.我国农业上市公司竞争力评价及影响因素分析［J］.统计与决策，2013（18）.

［115］林利民.“环球高铁”建设前景及其地缘政治影响［J］.现代国际关系，2014（5）：1-9.

［116］林晓言，王梓利.中国高铁全球价值链治理位势提升的理论与举

措［J］．当代经济管理，2020，42（5）：15－25.

［117］林学军，官玉霞．以全球创新链提升中国制造业全球价值链分工地位研究［J］．当代经济地理，2019，41（11）：25－32.

［118］刘海云，毛海欧．国家国际分工地位及其影响因素——基于"GVC 地位指数"的实证分析［J］．国际经贸探索，2015，31（8）：44－53.

［119］刘华军，王耀辉，雷名雨．中国战略性新兴产业的空间集聚及其演变［J］．数量经济技术经济研究，2019，36（7）：99－116.

［120］刘佳斌，王厚双．我国装备制造业突破全球价值链"低端锁定"研究——基于智能制造视角［J］．技术经济与管理研究，2018（1）：113－117.

［121］刘健．基于社会网络的国际原油贸易格局演化研究［J］．国际贸易问题，2013（12）：48－57.

［122］刘亮，刘军，李廉水，程中华．智能化发展能促进中国全球价值链攀升吗？［J/OL］．科学学研究：1－15［2020－10－10］．https：//doi.org/10.16192/j.cnki.1003－2053.20200915.004.

［123］刘美平．战略性新兴产业技术创新路径的共生模式研究［J］．当代财经，2011（11）：105－111.

［124］刘敏，赵璟，薛伟贤．"一带一路"产能合作与发展中国家全球价值链地位提升［J］．国际经贸探索，2018，34（8）：49－62.

［125］刘容欣．东亚出口竞争力的比较研究［J］．南开经济研究，2002（5）：40－46，51.

［126］刘婷婷．企业跨组织合作研发绩效的影响因素研究——基于制造业上市企业数据的实证分析［J］．河北经贸大学学报，2019，40（4）：104－109.

［127］刘潇．京津冀和长三角地区制造业生产效率的比较研究——基于

Malmquist – DEA 模型的全要素生产率分析 ［J］．统计与信息论坛，2019，34 （7）：85 – 91.

　　［128］刘云，桂秉修，马志云等．国家重大工程背景下的颠覆性创新模式探究［J］．科学学研究，2019，37（10）：1864 – 1873.

　　［129］陆娅楠．中国铁建，海外商铁第一单［N］．人民日报，2014 – 01 – 20（19）．

　　［130］路风．冲破迷雾——揭开中国高铁技术进步之源［J］．管理世界，2019，35（9）：164 – 194，200.

　　［131］吕铁，贺俊．从中国高铁经验看产业政策和部门创新体系的动态有效性［J］．学习与探索，2018（1）：86 – 92.

　　［132］吕铁，贺俊．如何理解中国高铁技术赶超与主流经济学基本命题的"反差"［J］．学术月刊，2017，49（11）：49 – 57.

　　［133］吕铁，贺俊．政府干预何以有效：对中国高铁技术赶超的调查研究［J］．管理世界，2019（9）：152 – 163，197.

　　［134］吕铁．物联网将如何推动我国的制造业变革［J］．人民论坛·学术前沿，2016（17）：28 – 37.

　　［135］吕越，陈帅，盛斌．嵌入全球价值链会导致中国制造的"低端锁定"吗？［J］．管理世界，2018，34（8）：11 – 29.

　　［136］骆革新，杨继国．国家环境与中国高铁产业竞争优势［J］．江淮论坛，2015（5）：46 – 51.

　　［137］马欢．高速铁路全球价值链治理研究［D］．北京：北京交通大学，2017.

　　［138］马一德．建设现代化经济体系关键是构建新时代技术创新体系［J］．红旗文稿，2018（4）：23 – 25.

　　［139］马盈盈．服务贸易自由化与全球价值链：参与度及分工地位［J］．

国际贸易问题，2019（7）：113－127.

［140］毛蕴诗，徐向龙，陈涛．基于核心技术与关键零部件的产业竞争力分析——以中国制造业为例［J］．经济与管理研究，2014（1）：64－72.

［141］孟东梅，姜延书，何思浩．中国服务业在全球价值链中的地位演变——基于增加值核算的研究［J］．经济问题，2017（1）：79－84.

［142］潘安，戴岭．相对技术水平、全球价值链分工与中美经贸摩擦［J］．经济社会体制比较，2020（4）：120－129.

［143］裴长洪，王键．试论国际竞争力的理论概念与分析方法［J］．中国工业经济，2002（4）：41－45.

［144］钱锋，桂卫华．人工智能助力制造业优化升级［J］．中国科学基金，2018，32（3）：257－261.

［145］钱桂枫，蔡申夫等．走进中国高铁［M］．上海：上海科学技术文献出版社，2019.

［146］钱馨蕾，武舜臣．加强国际知识产权保护有助于我国重构全球价值链吗？——以我国制造业为例［J/OL］．当代经济管理：1－19［2020－10－10］．http：//kns．cnki．net/kcms/detail/13．1356．F．20200728．0853．002．html.

［147］邱斌，叶龙凤，孙少勤．参与全球生产网络对我国制造业价值链提升影响的实证研究——基于出口复杂度的分析［J］．中国工业经济，2012（1）：57－67.

［148］邱少明．中国高铁应致力于国际化标准［N］．经济日报，2013－12－16（2）.

［149］芮明杰，李鑫，任红波．高技术企业知识创新模式研究——对野中郁次郎知识创造模型的修正与扩展［J］．外国经济与管理，2004（5）：8－12.

［150］芮明杰．上海制造业结构的控制性调整构想［J］．科学发展，2010（12）：85－98．

［151］桑丹丹，王元月，丁黎黎．中美制造业环境友好型全球价值链地位的测算——基于世界投入产出表及其环境账户［J］．当代财经，2020（8）：101－113．

［152］邵帅，张曦，赵兴荣．中国制造业碳排放的经验分解与达峰路径——广义迪氏指数分解和动态情景分析［J］．中国工业经济，2017（3）：44－63．

［153］佘群芝，户华玉．贸易成本对中国全球价值链地位的影响——基于制造业细分行业的实证［J］．统计与决策，2020（19）：88－92．

［154］石靖敏．我国智能制造发展的思路、重点及政策措施［J］．机械工业标准化与质量，2017（1）：14－16．

［155］史安娜，陶嘉慧．中美技术贸易国际竞争力比较研究［J］．现代经济探讨，2019（3）：116－124．

［156］宋洋，王志刚．珠三角制造业转型升级与技术创新路径研究——以新常态下2010－2015年数据分析［J］．科学管理研究，2016，34（5）：61－64．

［157］苏杭，郑磊，牟逸飞．要素禀赋与中国制造业产业升级——基于WIOD和中国工业企业数据库的分析［J］．管理世界，2017（4）：70－79．

［158］孙少勤，邱璐．全球价值链视角下中国装备制造业国际竞争力的测度及其影响因素研究［J］．东南大学学报（哲学社会科学版），2018，20（1）：61－68．

［159］孙树叶．环保机械制造业产品与技术发展预测及关键技术分析［J］．科技风，2019（11）：129．

［160］孙田江，范明，周云隆．高新技术企业研发部门关键绩效指标制定

的实证研究——以医药企业为例［J］. 科技管理研究，2012，32（12）：93 - 95,113.

［161］汤碧. 中国高技术产业价值链地位的测度和影响因素分析［J］. 经济学动态，2012（10）：65 - 70.

［162］汤勇力，李剑敏，李从东等. 面向制造企业价值链升级的产业关键技术识别研究［J］. 科学学研究，2016，34（12）：1777 - 1788.

［163］唐国华，陈祖华. 技术创新路径、动态比较优势与产业竞争力提升［J］. 科技进步与对策，2012，29（10）：11 - 15.

［164］唐晓华，刘蕊等. 我国高技术制造业技术创新效率研究——基于"互联网 +"视角［J］. 辽宁大学学报（哲学社会科学版），2020（2）：69 - 80.

［165］陶长琪，郭毅. 中国低技术制造业转移粘性测算［J］. 统计与信息论坛，2019，34（7）：92 - 100.

［166］佟家栋，白雪飞. 从零部件贸易看中日韩分工差异［J］. 国际贸易问题，2009（12）：37 - 46.

［167］童伟伟. FTA 深度、灵活度与中国全球价值链分工参与程度［J］. 国际经贸探索，2019，35（12）：23 - 40.

［168］屠年松，薛丹青. 贸易自由化与中国制造业的全球价值链攀升——基于中国 30 个省份面板数据的实证研究［J］. 经济经纬，2019，36（6）：70 - 77.

［169］汪涛武，王燕. 基于大数据的制造业与零售业融合发展：机理与路径［J］. 中国流通经济，2018，32（1）：20 - 26.

［170］汪婷婷. 动态环境技术协同创新关键要素研究［J］. 科学管理研究，2016，34（4）：1 - 4.

［171］王安国. 现代天文导航及其关键技术［J］. 电子学报，2007

（12）：2347－2353.

［172］王宝义．中国快递业发展的区域差异及动态演化［J］．中国流通经济，2016，30（2）：36－44.

［173］王铎．制造业产品配置管理的若干关键技术研究［D］．长春：吉林大学，2009.

［174］王海军，陈劲．全球价值链下中国OLED产业创新发展对策［J］．技术经济，2018，37（6）：40－47.

［175］王洪亮，常哲仁．高铁开通对房价影响的实证分析［J］．财经问题研究，2020（4）：66－73.

［176］王厚双，盛新宇．中国高端装备制造业国际竞争力比较研究［J］．大连理工大学学报（社会科学版），2020（1）：8－18.

［177］王江，陶磊．装备制造业强国竞争力比较及价值链地位测算［J］．上海经济研究，2017（9）：78－88.

［178］王岚，李宏艳．中国制造业融入全球价值链路径研究——嵌入位置和增值能力的视角［J］．中国工业经济，2015（2）：76－88.

［179］王伟玲，王晶．我国数字经济发展的趋势与推动政策研究［J］．经济纵横，2019（1）：69－75.

［180］王旭，褚旭．中国制造业绿色技术创新与融资契约选择［J］．科学学研究，2019，37（2）：351－361.

［181］王雅薇，周源，陈璐怡．我国人工智能产业技术创新路径识别及分析——基于专利分析法［J］．科技管理研究，2019，39（10）：210－216.

［182］王玉燕，林汉川，吕臣．全球价值链嵌入的技术进步效应——来自中国工业面板数据的经验研究［J］．中国工业经济，2014（9）：65－77.

［183］王直，魏尚进，祝坤福．总贸易核算法：官方贸易统计与全球价值链的度量［J］．中国社会学，2015（9）：108－127.

[184] 卫平，范佳琪. 技术创新路径选择对高技术产业出口影响研究 [J]. 工业技术经济，2019，38（9）：3-8.

[185] 魏巍，安同良. 中国高铁技术引进与自主创新的博弈分析 [J]. 南京社会科学，2019（7）：19-25，46.

[186] 文东伟，冼国明. 中国制造业的出口竞争力及其国际比较 [J]. 国际经济合作，2011（2）：4-10.

[187] 文东伟. 中国制造业出口贸易的技术结构分布及其国际比较 [J]. 世界经济研究，2012（10）：29-34，88.

[188] 文韵，蔡松锋，肖敬亮. 建设粤港澳大湾区创新产业集群的机遇与挑战 [J]. 宏观经济管理，2019（7）：64-72.

[189] 吴欣桐，梅亮，陈劲. 建构"整合式创新"：来自中国高铁的启示 [J]. 科学学与科学技术管理，2020，41（1）：66-82.

[190] 武建龙，王宏起. 战略性新兴产业突破性技术创新路径研究——基于模块化视角 [J]. 科学学研究，2014，32（4）：508-518.

[191] 武力超，张馨月，童欢欢. 金融服务部门开放对制造业企业技术创新的影响 [J]. 财贸经济，2019，40（4）：116-129.

[192] 席艳乐，汤恒运，魏夏蕾. 经济政策不确定性波动对中国出口技术复杂度的影响——基于 CEPII - BACI 数据库的实证研究 [J]. 宏观经济研究，2019（5）：20-32.

[193] 夏友富，何宁. 推动我国装备制造业迈向全球价值链中高端的机制、路径与对策 [J]. 经济纵横，2018（4）：56-62.

[194] 徐飞，中国高铁"走出去"战略：主旨·方略·举措 [J]. 中国工程科学，2015，17（4）：4-8.

[195] 徐广林，林贡钦. 工业4.0背景下传统制造业转型升级的新思维研究 [J]. 上海经济研究，2015（10）：107-113.

［196］闫云凤．中国内资和外资企业在全球价值链中的嵌入位置与演进路径研究——基于行业数据的测度［J］．上海财经大学学报，2020，22（3）：3 – 18.

［197］杨成玉．中国对外直接投资对出口技术复杂度的影响——基于"一带一路"视角［J］．南京财经大学学报，2017（6）：6 – 16.

［198］杨连星，罗玉辉．中国对外直接投资与全球价值链升级［J］．数量经济技术经济研究，2017，34（6）：54 – 70.

［199］杨栩，谭琦．基于区块链技术的高端装备制造企业智能化运营研究［J］．商业研究，2018（11）：12 – 17.

［200］杨以文，周勤，毛春梅，李卫红．中国制造业全球价值链位置的行业异质性及收敛性测度［J］．科技进步与对策，2020，37（12）：46 – 54.

［201］杨勇，张彬．生产效应、贸易效应与中欧贸易流量分析——基于Michaely 指数的面板数据协整分析［J］．数量经济技术经济研究，2009（7）：99 – 108，119.

［202］尹伟华．全球价值链视角下中国制造业出口服务化水平测度研究［J］．当代财经，2020（6）：114 – 125.

［203］尹伟华．中国制造业产品全球价值链的分解分析——基于世界投入产出表视角［J］．世界经济研究，2016（1）：66 – 75，136.

［204］余海燕，沈桂龙．对外直接投资对母国全球价值链地位影响的实证研究［J］．世界经济研究，2020（3）：107 – 120，137.

［205］余江，陈凤，张越等．铸造强国重器：关键核心技术突破的规律探索与体系构建［J］．中国科学院院刊，2019，34（3）：339 – 343.

［206］俞荣建，李海明，项丽瑶．新兴技术创新：迭代逻辑、生态特征与突破路径［J］．自然辩证法研究，2018，34（9）：27 – 30.

［207］袁立科，韩秋明，谢飞等．我国环境领域技术处于怎样的水

平——来自环境领域技术竞争调查的经验证据 ［J］. 科技进步与对策, 2016, 33 (24): 50 –58.

［208］曾宪奎. 我国构建关键核心技术攻关新型举国体制研究 ［J］. 湖北社会科学, 2020 (3): 26 –33.

［209］张二震, 张晓磊. 全球价值链、贸易增长 "失速" 与中国对策 ［J］. 国际商务研究, 2017, 38 (1): 5 –18.

［210］张恒梅, 李南希. 创新驱动下以物联网赋能制造业智能化转型 ［J］. 经济纵横, 2019 (7): 93 –100.

［211］张杰. 中国关键核心技术创新的特征、阻碍和突破 ［J］. 江苏行政学院学报, 2019 (2): 43 –52.

［212］张可. 产业集聚与区域创新的双向影响机制及检验——基于行业异质性视角的考察 ［J］. 审计与经济研究, 2019 (4): 94 –105.

［213］张梦. 中国高铁远征海外市场 ［J］. 中国外资, 2010 (8): 46 –48.

［214］张明之, 梁洪基. 全球价值链重构中的产业控制力——基于世界财富分配权控制方式变迁的视角 ［J］. 世界经济与政治论坛, 2015 (1): 1 –23.

［215］张球, 方兴起. 国企改革的关键在于确立 "双主" 地位而非私有化 ［J］. 学术研究, 2012 (8): 59 –63.

［216］张睿旻. 制造业信息化发展中的关键技术研究 ［J］. 科技展望, 2016, 26 (23): 17.

［217］张晓通, 陈佳怡. 中国高铁 "走出去": 成绩、问题与对策 ［J］. 国际经济合作, 2014 (11): 26 –29.

［218］张桢琦, 姚志军. 中小型制造业信息化的几个关键技术研究与应用 ［J］. 西华大学学报 (自然科学版), 2007 (3): 93 –96, 6.

［219］张峥嵘, 袁清珂. 21 世纪制造业的特点及其关键技术 ［J］. 机械工程师, 1999 (1): 1 –3.

[220] 张净敏，胡慧姿，章磊．"双重战略"耦合效应下国防科技工业技术创新路径研究［J］．科学管理研究，2019，37（3）：8－12.

[221] 张志强，吴健中．企业竞争力及其评价［J］．管理现代化，1999(1).

[222] 赵莉，俞学燕，易邱璐．后发企业技术创新路径被动锁定成因与应对策略研究［J］．科技进步与对策，2016，33（11）：68－72.

[223] 赵永秀，南车＋北车＝中国中车：无国界的中国高铁模式［M］．广州：广东经济出版社，2017.

[224] 郑大庆，张赞，于俊府．产业链整合理论探讨［J］．科技进步与对策，2011（2）.

[225] 郑凯锋，邵海涛，郝佳佳．中国高铁"走出去"的积极意义和应对措施［J］．西南交通大学学报（社会科学版），2014，15（1）：1－7.

[226] 郑立．基于 RS－LSSVM 制造业上市公司财务危机预警模型［J］．工业技术经济，2019，38（7）：108－113.

[227] 周宏仁．"互联网＋"与制造业融合的发展趋势［J］．行政管理改革，2017（1）：25－31.

[228] 周小亮，宋立．生产性服务业与制造业协同集聚对产业结构优化升级的影响［J］．首都经济贸易大学学报，2019，21（4）：53－64.

[229] 周小琳，王浩明．国际原油价格波动对中国外贸收支失衡的影响分析［J］．经济问题探索，2014（9）：148－153.

[230] 周学仁．FDI 技术水平与东道国出口贸易结构——基于中国数据的指标衡量与关系检验［J］．财经问题研究，2012（2）：116－125.

[231] 朱凤林．产业大迁移对中国区域经济结构的影响研究［J］．理论月刊，2019（7）：112－117.

[232] 朱剑英．针对科技"短板"，瞄准科技前沿，加速攻克关键核心信息技术和航空制造技术［J］．机械制造与自动化，2019（4）：1－9.

后　记

本书是在我的博士学位论文的基础上修改补充完成，是我最近五年的阶段性成果。在辽宁大学经济学院求学期间的研究成果得益于各位老师对我的培养和指教，特别得益于我的博士生导师唐晓华教授的精心指导和培养，在本书即将付梓之际，我深表谢意！

感谢我的恩师唐晓华教授，是唐老师接纳我迈入产业经济学殿堂，引领我在先进制造业领域徜徉。唐老师的博学睿智、著作等身、教风严谨，都深深地影响并启迪着我。唐老师对我们博士研究生要求"做人要真诚，做事要执着"，培养并激励我们认真正确地对待学业，敢于担当，不辱使命；在学术研究的历程中积极探索，坚持信念，敢于创新。在我们参与导师的科研项目过程中，唐老师经常教导我们"在理论上要积极追踪学术前沿理论，在实践上要聚焦国家重大关切"。这些谆谆教诲，使我受益匪浅。我跟随唐老师数次参与中国制造业领域的多项国家级课题项目的研究，培养了我浓厚的学术研究兴趣。我的学习能力、思考能力和研究能力均有了很大提高，学术研究水平也得到了大幅提升。再次感谢导师对我的培养！

本书在写作过程中还得到了许多老师和同学的帮助。感谢辽宁大学产业经济学团队的黄继忠教授、王伟光教授、汤吉军教授和聂荣教授。感谢各位导师从我入学以来在学术研究等诸方面所给予的指导和中肯建议，感谢你们的用心付出！感谢博士团队的同学们。感谢我的师兄师姐、师弟师妹在学业上相互学习，在生活上相互帮助，这些经历都将成为我博士求学时代美好的回忆！

感谢我的父母对我的理解与支持。特别是在我求学期间你们缺少了我的陪伴，我心存愧疚，我将在今后的生活中加倍补偿。在未来的岁月里，你们一定会看到更好的我！

感谢经济管理出版社，能在经济管理出版社出版这部著作，我深感荣幸！

本书引用了大量的珍贵文献和学术观点，在此一并表示感谢！由于本人水平有限，文中难免存在疏漏之处，恳请学界前辈批评指正。

刘　蕊

2020 年 10 月于沈阳